MIX
Papier | Fördert gute Waldnutzung
FSC® C022120

Mineralöl freie Druckfarbe

ISBN 978-3-649-65001-0

Hafenweg 30, 48155 Münster, Germany
Textsatz: Elmar Möllmann, Internetlitho
Redaktion: Antonia Pieper

Printed in Slovakia

www.coppenrath.de

Heiraten für Anfänger

Mit Illustrationen
von Nora Paehl

COPPENRATH

Inhalt

Hans Fallada

Mit dem Heiraten fängt es an

Ich wohnte bei einer alten Frau in Hammerbrook, fünf Treppen hoch unter dem Dach. Meine Stube war hell und luftig, mit weißen Möbeln und bunt geblümten Bezügen, alles immer blitzsauber. Es war eigentlich das Zimmer der Tochter, in dem ich hauste, aber von dieser Tochter hatte ich noch nie etwas zu sehen bekommen. Ihre Kleider hingen noch in meinem Schrank, und dort konnten sie auch meinetwegen ruhig hängen bleiben. Ich brauchte den Schrank nicht, meine Kleider trug ich auf dem Leibe.

Allmählich erfuhr ich, was mit dieser ständig abwesenden Tochter los war. Sie war schon lange nierenkrank, und nun war sie von der Versicherung in ein Bad geschickt worden. Sie war eigentlich Lageristin in einem Engros-Geschäft für Damenputz, ein sehr fleißiges Mädchen, wie ihre Mutter stark betonte. Ihre Mutter, meine Wirtin, hielt nicht viel von mir, sie war auch fleißig, und ich war meistens stinkfaul. Morgens lag ich noch um zehn im Bett und sah mir die Stubendecke an. Wäre ich nicht ein so pünktlicher Zahler und ein so nüchterner Mensch gewesen, ich wäre nicht

lange der Mieter dieser arbeitsamen Frau geblieben. So ließ sie mich hausen, nicht ohne Schelten, und an spitzen Bemerkungen über meine Bücklinge und den halben Liter Milch fehlte es nie.
Eines Tages nun teilte mir meine Wirtin mit, dass ich binnen vierundzwanzig Stunden mein Zimmer zu räumen habe, denn nun komme ihre Tochter zurück. Das war mir ganz egal, ob ich wohnen blieb oder weiterzog. Einen Winkel, in den ich meinen Handkoffer setzen, ein Bett, in das ich mich legen, eine Stubendecke, die ich anstarren konnte, fand ich überall. Hamburg war mir sowieso über, und der Hafen war mir über, und so bummelte ich auf den Hauptbahnhof und suchte mir ein Reiseziel. Ich wählte es nach meinem Barbestand, zu weit ab durfte es nicht liegen, eine Anzahlung auf die Zimmermiete musste auch da sein, und das Übrige würde sich schon finden. Das Übrige hatte sich noch immer gefunden. Der Morgen kam, und vom Hamburger Hauptbahnhof fuhr wohl mein projektierter Zug. Ich aber lag noch in meinem Bett und starrte die Decke an. Des Lebens Überdruss hatte mich wieder einmal besonders kräftig angefasst, ich fand es so sinnlos, irgendwohin zu fahren, um was zu finden? Die Fortsetzung dieses Lebens? Also nichts!
Schließlich aber wurde ich doch aufmerksam auf ein

ungewohntes Huschen und Wispern draußen auf dem Gang und dachte: ‚Aha!'
Darauf dachte ich: ‚Das ist aber noch zu früh. Heute Abend erst sollte ich rücken!'
Ich stand langsam auf, stopfte, was ich besaß, in mein Köfferchen und ging in die Küche. Meine Wirtin war völlig allein. „Hören Sie", sagte sie ein wenig aufgeregt, „die Suse ist schon gekommen. Können Sie das Zimmer nicht gleich räumen?"
„Der Koffer steht schon auf dem Gang", antwortete ich. „Wieso überhaupt Suse? Ich denke, Ihre Tochter heißt Anna?"
„Heißt sie auch, aber wir haben sie immer nur Suse genannt, weil sie so susig ist."
‚Auch noch susig!' dachte ich. ‚Wenn Suse wenigstens von Sausen herkäme! Aber susig und dann noch zu früh kommen!'
Laut aber sprach ich: „Also denn tjüs! Ich haue ab!"
„Aber wohin denn?", rief die Schlummerolsche. „Ich muss doch die Post nachschicken können!"
„A. O. I.", sprach ich würdig. „Alles ohne Interesse. Lassen Sie die Post an die Absender zurückgehen oder stecken sie hinter den Spiegel. Ich komme vielleicht mal wieder längs. Tjüs, Ollsche!"
„Oller verrückter Kerl!", rief sie mir noch nach.

Ich trällerte die fünf Treppen hinunter mit meinem Köfferchen, aber auf dem Gang unten sauste mich ein großes, helles, blondes Mädchen fast über den Haufen.
„Hoppla!“, rief ich. „Ich denke, Suse kommt von susig, und nun kommt es doch von Sausen!“
„Ach so, Sie sind der Herr, der bei Mutter wohnt! Das ist aber gar nicht so eilig, dass Sie ausziehen, ich richte mich ganz gut eine Weile in Mutters Stube ein.“
Sie sah mich ziemlich neugierig an, die Ollsche hatte ihr wohl schreckliche Geschichten von mir erzählt. Und ich sah sie auch ziemlich neugierig an.
„Hätte ich das vor einer Stunde gewusst, wäre ich noch eine Weile im Bett liegen geblieben“, sagte ich schließlich. „Aber nun ist es doch ein angebrochener Tag, und ich ziehe!“
„Dann also alles Gute!“, sagte sie, schüttelte mir unvermutet die Hand und sauste die Treppe hinauf. Ich starrte ihr nach. Ich weiß sehr wohl, ein feiner Mann starrt einer Dame, die die Treppe hinaufläuft, nicht nach, und noch dazu derart unverschämt! Aber ich muss es leider sagen, dass ich nie ein feiner Mann war und auch nie ein feiner Mann werde. Ich starrte ihr unverschämt und mit Vergnügen nach. Ihre Beine liefen so schlank und blank die Treppe hoch, das Klipp-Klapp ihrer Absätze klang wie Geläut: Tripp–trapp–treppe!

Was eigentlich mit mir passiert war, davon habe ich keine Ahnung und kann also auch nicht davon berichten. Immerhin war ich fünfunddreißig Jahre alt und bei Weitem nicht mehr das, was man einen heurigen Hasen nennt… War es nun Liebe auf den ersten Blick oder war sonst was Rätselhaftes dabei, jedenfalls fuhr ich in einer völlig veränderten Stimmung in eine Stadt, die wir nach berühmten Mustern ‚Altholm' nennen wollen. Nein, solche Geschichten machte ich natürlich nicht, dass ich nun in der Stadt Hamburg blieb, alle meine Dispositionen über den Haufen warf und jede Gelegenheit suchte, die junge Dame wiederzusehen. Nichts derart. Natürlich fuhr ich.

Aber etwas hatte sich doch verändert in mir, und wenn ich nur das lange Bettliegen aufgab. Ich hatte in Altholm irgendwelche Bekannte, und durch sie bekam ich dann auch eine Stellung. Plötzlich war ich ein tätiger Erwerbsmensch mit einem Bruttoeinkommen von hundertzwanzig Mark im Monat bei vierteljährlicher Kündigung. Ich hatte so lange in der Flaute gelegen, es überraschte mich selbst, wie viel Spaß es mir machte, dass jetzt wieder ein bisschen Wind in meinem Segel stand.

Du lieber Gott, ich lief nun nicht etwa herum und dachte immerzu an jenes kurze Kennenlernen im Treppenhaus. Ich stellte mir auch nicht die Beine vor, wie sie die Treppe hinaufgelaufen waren, ich war auch nicht stählern entschlossen, jetzt etwas Rechtes zu werden und dann vor meine verflossene Schlummermutter zu treten und sie um die Hand ihrer Suse-heißt-Anna zu bitten!

Nichts von alledem! Ich lief durch die Straßen Altholms und warb Anzeigen und Abonnenten für ein sachte dahinsterbendes Blättchen. Ich aß alle Tage warm im Guttempler-Haus, und nach dem Essen zwickerten wir einen Kaffee aus. Zwickern ist ein ziemlich gerissenes holsteinisches Bauernspiel mit zweiundfünfzig Karten und einem Joker. Abends ging ich dann müde ins Bett und schlief ohne alle Träume von einer ferne ersehnten Geliebten.

Aber der Wind in den Segeln, der war es! Dass mir nach einer langen Periode der Schlaffheit und Gleichgültigkeit das Leben wieder Spaß machte! Hundertzwanzig Mark im Monat waren gewiss nicht erschütternd, ich hatte als zweiundzwanzigjähriger Bengel schon tausend Mark im Monat verdient (was mir gar nicht gut bekommen war), aber ich war wieder was, ich tat wieder mit. Abends lag ich im Bett und griente. Dass ich heute den Teppich-Bolle herumgekriegt hatte, uns doch ein Inserat zu geben, das freute

mich! Teppich-Bolle hatte es ganz und gar nicht gewollt, aber ich hatte ihn weich gequatscht!
Die ganze Welt sah anders aus, wenn man zu einer richtigen Arbeit aufwachte. Es war bei mir, wie wenn über totes, ausgefrorenes Land der Frühling gekommen ist, plötzlich wurde es überall grün. Plötzlich fand ich es störend, dass ich gar keine Nachrichten mehr aus dem Elternhaus bekam. Jawohl, ich hatte meiner Wirtin gesagt, sie solle die Briefe zurückgehen lassen oder hinter den Spiegel stecken – vielleicht waren sie wirklich hinter den Spiegel gesteckt worden?

Schwindelte ich mir was vor, ging es mir um etwas ganz anderes als um Elternbriefe? Ich weiß es nicht mehr zu sagen, genug, ich fuhr über Sonntag nach Hamburg. Ob wirklich

Briefe am Spiegel steckten, daran erinnere ich mich nicht, aber das weiß ich noch, dass die Ollsche nicht zu Hause war, wohl aber die Suse.
Was ist da noch viel zu erzählen? Wir beide haben einander vom ersten Augenblick an gern gemocht. Es war Winter, nasskalter, schmutziger, nebeliger Hamburger Winter. Aber wir waren jede Stunde miteinander unterwegs. Wir gingen nebeneinanderher, wir froren, aber wir dachten gar nicht daran, dass wir froren. Wir hatten uns so unendlich viel zu erzählen, unser ganzes Leben hatten wir uns zu erzählen, wir vergaßen darüber alles.
Ach, diese Liebe auf den Straßen einer großen Stadt, die kein Heim hat! Manchmal jetzt sehe ich die jungen Liebenden nebeneinanderher gehen, dicht und doch noch nicht eingehängt, und miteinander sprechen. Dann fällt die lange Stille zwischen sie, in der sie nur aneinander denken, ausruhen in dem Gefühl, zueinander zu gehören. Dann fangen beide wieder an zu reden, als hätte keines geschwiegen.
Und dabei wandern sie, sie streifen so viele Menschen und sehen nur sich. Ihre Füße gehen über die von tausend Füßen abgeschliffenen Granitplatten, und ihnen ist, als gingen sie einen ganz neuen Weg, den noch niemand vor ihnen gegangen. Manchmal bleiben sie

vor einem Schaufenster stehen, aber sie sehen nichts. Sie stehen nur so da, vielleicht berühren sich ihre Hände einen Augenblick, dann ist es, als zitterte durch sie ein elektrischer Schlag.
Heute wie einstens wandern sie durch die Straßen der großen Städte, viele, viele Kilometer, beieinander. Ihre Füße brennen, aber es treibt sie immer weiter, es ist, als erreichten sie gehend, miteinander redend und miteinander schweigend stets neue Bezirke ihres Innern, die das andere jetzt kennenlernen muss. Liebe auf den Straßen – wie sie mich an den, der ich einstmals war, erinnert! Hungrig und arm, zu arm, um sich auch nur eine Stunde in ein Café zu setzen, unsagbar reich!
Immer brachte mich Suse zum letzten Zug nach Altholm. Sie stand auf dem Bahnsteig und winkte mir nach. Aber kaum allein, fiel mir schon ein, was alles ich ihr zu erzählen vergessen hatte. Beim trüben Licht des Gasstrumpfs im Abteil des fahrenden Zuges fing ich an, ihr den ersten Brief nach unserer Trennung zu schreiben. Ich schrieb immer weiter, in Gedanken, im Halbschlaf, im Traum. In dieser Zeit habe ich ihr jeden Tag einen Brief geschrieben und manchen Tag zwei. Und was waren das für Briefe! Nicht solche Zettelchen, kaum angefangen, schon zu Ende, nein, es waren richtige Briefe, für einfaches Porto nahm die Post keinen von ihnen an! Ich

glaube, mein Rekord war ein Brief von sechsunddreißig engzeiligen Schreibmaschinenseiten – wie ich daneben noch meine Tagesarbeit erledigte, ist mir heute rätselhaft. Wahrscheinlich schlief ich kaum noch, ich war mager wie ein Windhund, und wie ein Windhund jagte ich auch durch die Straßen, auf der Jagd nach Abonnenten und Inserenten. Ich musste doch Geld verdienen!
Ein so ausgedehnter intensiver Verkehr konnte nicht lange vor den Augen von Suses Mutter verborgen bleiben. Ich habe es ja schon deutlich genug gesagt, dass Suses Mutter meine ganze Person missbilligte, ich war ein geborenes Faultier, ein Mann, der morgens noch um elf im Bett lag und die Decke anstarrte! Ich sehe es noch, wie die gute Olsch ihre Fäuste über den Küchentisch weg gegen mich schüttelte: Ich sollte ihr Mädchen nicht in Schanden bringen, ich nicht! Oh, meine liebe dermaleinstige Schwiegermutter nahm kein Blatt vor den Mund, sie sagte mir gründlich Bescheid! Uns aber fiel es wie Schuppen von den Augen, und selten hat ein Paar so vergnügt einer zornigen Standpauke gelauscht! Selbstverständlich, wir konnten ja heiraten! Eine großartige Idee – schönen Dank, liebe Schwiegerolsch! Selbstverständlich, Sie haben vollständig recht, ich verdiene nicht annähernd genug, um einen Hausstand zu begründen, und ich besitze noch immer nicht mehr als einen Hand-

koffer mit ein bisschen Wäsche. Aber was macht das? Sie arbeitet weiter im Damenputz en gros in Hamburg und ich als Zeitungswerber zu Altholm – aber dann gehören wir doch zusammen!
Selten hat ein Paar mit so völlig unmotivierter Hast geheiratet wie wir. Ich glaube, wir haben uns ganze acht- oder neunmal bis zu unserer Heirat gesehen. Wir konnten es gar nicht abwarten, uns in Ketten zu schlagen. Selbstverständlich stießen wir mit überwältigendem Ungeschick unsere gesamte Verwandtschaft, auf beiden Seiten, mit unserer Heirat vor den Kopf! Alle stellten wir vor die vollendete Tatsache, niemand erfuhr vorher etwas davon. Das war natürlich wieder einmal meine Idee, ich bin mein Lebtag der ungeschickteste Diplomat von der Welt gewesen. Natürlich konnte ich Verwandtschaft nicht ausstehen! Ich hatte sämtlichen Verwandten, am meisten aber meinen lieben Eltern, so viel Sorgen gemacht, dass ich ihnen das nun schon gewaltig übel nahm! Sollten sie sich um ihre eigenen Angelegenheiten kümmern – was ging das die an, ob wir heirateten! Und ganz selbstverständlich bezog ich auch Suses sämtliche Verwandtschaft in diese Abneigung ein – größtenteils ohne sie überhaupt zu kennen. Und ebenso selbstverständlich brauchten wir lange Zeit, um die Verwandtschaft wieder zu ver-

söhnen. Nur mit Suses Mutter machte ich eine Ausnahme – warum weiß ich eigentlich nicht. Bei ihr hätte ich den meisten Grund gehabt, sie aus der Verwandtschaft zu verstoßen, denn noch immer hatte sie keine Sympathien für den fünfunddreißigjährigen Mann, der es noch zu nichts im Leben gebracht hatte, öfter sagte sie es mir recht deutlich, gar nicht durch die Blume, dass ihre Tochter nicht mutig, sondern ‚mall', das ist verrückt, sei, sich mit so einem, wie ich war, einzulassen.

Im Stillen gab ich ihr sogar recht. Das heißt, ich fand zwar nicht, dass Suse mall, wohl aber, dass sie geradezu tollkühn war, auf den Heiratsvorschlag einzugehen. Tief im geheimsten Innern habe ich bis zur letzten Stunde geglaubt, es würde noch etwas dazwischenkommen, sie würde sich besinnen und abspringen. Und wer weiß, ob mir das – trotz all meiner Liebe – nicht ganz recht gewesen wäre. Denn zum ersten Mal im Leben hatte ich Angst, wie das alles weitergehen würde, wenn es wirklich zu einer Heirat kam.

Alina Bronsky

Baba Dunjas letzte Liebe

Ich klopfte an Marjas Tür, eine Geste, die sie sich bei mir konsequent spart, weil sie irrtümlicherweise der Meinung ist, ich hätte nichts zu verbergen.
Sie brüllt, ich sollte reinkommen. Sie sitzt auf ihrem Bett, das lange Haar gelöst, und kämmt es mit einem grobzinkigen Kamm wie eine überreife Rapunzel.
„Na, Braut“, sage ich. „Bist du aufgeregt?“
„Ich war noch nie eine Braut“, jammert sie.
„Ich dachte, du warst schon mal verheiratet?“
„Ach“, winkt sie ab, „das zählt nicht. Das ist hundert Jahre her. Ich weiß nicht, was ich anziehen soll.“
„Was macht ihr eigentlich mit euren Häusern?“
„Was sollen wir damit machen? Jeder behält seins.“
„Ihr schlaft nicht zusammen?“
„Furunkel auf deine Zunge.“
„Wofür heiratet ihr dann?“ Ich setze mich neben sie. Die Matratze ist sehr weich und hängt unter unserem Gewicht bedrohlich durch. Marja juchzt und krallt sich an mir fest. Auf ihrem Bett haben wir noch nie zusammengesessen, nur auf meinem, und das hält mehr aus.

„Lass mich los“, schnaufe ich, „was ist in dich gefahren, dummes Weib, lass mich los und hilf mir aufzustehen.“
„Das versuche ich doch“, jammert sie, aber bei jeder Bewegung werden wir von der durchhängenden Matratze nur noch näher aneinandergedrückt.
Dass es kracht, erlebe ich fast als Erlösung. Das Bett stürzt ein, und Marja und ich landen zwischen den Decken auf dem Boden. Ich krabbele aus dem Deckenberg hervor, halte mich an der Wand fest und richte mich auf.
Marja sitzt zwischen den Kissen und heult.
„Jetzt hab ich kein Bett mehr.“
„Aber du hast einen Mann, der baut dir ein neues.“
„Der? Hast du den nicht gesehen?“
„Fordere es ein, bevor du ihm das Ja-Wort gibst.“
Sie fährt sich mit der Hand übers Gesicht. „Du hast immer so gute Idee. Ohne dich gäbe es uns alle nicht mehr.“
„Jetzt fang du nicht auch noch an.“
Marja guckt mich traurig an. „Ich will, dass du uns traust.“

***

Als ich vorhin das mit der Zeit erwähnt habe, wollte ich auf eines hinaus: dass ich, kaum dass ich mich ver-

sehe, auf einer Wiese stehe, neben mir ein langer, gedeckter Tisch und vor mir eine üppige Frau und ein Greis, der eher einem verdorrten Baum ähnelt als einem Menschen.
Hinter mir stehen die Dorfbewohner. Nur Petrow sitzt, weil er zu schwach ist. Die anderen sind auf den Beinen. Zwischen den Lebenden tummeln sich die Toten, die ziemlich neugierig sind. Jegor ist direkt hinter mir und guckt mir über die Schulter.
Sidorow hat Marja ein Bett gebaut, ein unglaubliches Bett. Kein Mensch kann sagen, wie es ihm gelungen ist. Er hat einen Baumstamm in vier Stücke gesägt und darauf Bretter gelegt, die er aus der Wand seines Schuppens herausgerissen hat. Alles mit vielen Nägeln gesichert. Darauf kamen Marjas Matratzen, Kissen und Decken. Es ist ein riesiges, breites Bett, das größte, das ich je gesehen habe. Jetzt kann Marja gut schlafen. Das hat sie mir versichert, als sie es mir stolz vorführte.
„Siehst du, wozu eine Ehe gut ist?“ Ihr Ton war angeberisch.
„Ich habe es nie bestritten.“
„Warum lachst du dann so?“
„Ich lache nicht, Marja. Ich freue mich für dich.“
Marja trägt zur Trauung ihr Spitzennachthemd, das fast weiß ist und ihren Körper noch mächtiger erschei-

nen lässt. Auf den Schultern ein schwarzes Tuch mit Rosen. Das Haar hat sie geflochten und den Zopf um den Kopf gelegt, sodass sie gleich fürs Parlament kandidieren könnte. Ein Spitzenvorhang dient als Schleier. Und Blumen, überall sind Blumen. Kornblumen im Haar und Bartnelken auf dem Nachthemd und eine Heckenrose in Sidorows Knopfloch.

Sidorows Knie zittern, und er sieht noch kleiner aus als sonst, mit letzter Kraft auf seinen Stock gestützt. An den Händen treten die Knöchel weiß hervor. Aber seine Gesichtszüge werden von einem Siegesgrinsen verzerrt. Man könnte es auch mit dem Ausdruck eines Todeskrampfes verwechseln. Er hat sich gut gekleidet, eine mottenzerfressene graue Nadelstreifenhose und ein Hemd in buntem Zickzackmuster.

Das Brautpaar steht vor mir und sieht mich erwartungsvoll an. Jetzt liegt es an mir, etwas Feierliches zu sagen. Auch ich habe mich fein gemacht, um den beiden die Ehre zu erweisen, ich trage einen langen Rock und eine Seidenbluse, das Tuch um meinen Kopf ist frisch gewaschen, und meinen Hals ziert eine Kette aus großen bunten Holzperlen.

Meine Tätowierung juckt wieder. Ich versuche mich zu erinnern, welche Worte die Standesbeamtin bei meiner Hochzeit mit Jegor gesprochen hat. Aber sie fallen mir nicht mehr ein. Dann denke ich an die Hochzeiten, bei denen ich schon gewesen bin, als Gast oder Trauzeugin. Ich muss daran denken, dass ich nicht bei Irinas Hochzeit war.

Die Hochzeit meiner Cousine fällt mir ein, ich muss Mitte vierzig gewesen sein, und ein Satz traf mich ins Herz. „Seid gut zueinander“, hatte die übermüdete Standesbeamtin meiner Cousine und ihrem künftigen Mann mit auf den Weg gegeben, nicht mehr und nicht weniger; auf dem Standesamt warteten an jenem Samstag etliche Paare, und viele Schwiegermütter wurden auf den Fluren bereits aggressiv. Mich haben diese Worte lange nicht losgelassen. Dabei war ich damals schon eine Weile verheiratet und Mutter.

Viel später sah ich im Fernsehen, wie Brautleute in einer Kirche heirateten, ja sogar eine Königshochzeit sah ich. Inzwischen heiraten auch bei uns im Land viele junge Leute in der Kirche. Zu unserer Zeit hätte man sich danach nicht mehr auf die Arbeit getraut.

„Gebt mir eure Hände“, sage ich, und sie strecken mir bereitwillig ihre Pranken hin, die weiche, dralle von Marja und die von Sidorow, trocken wie eine Vogelkralle. Ich nehme sie und lege sie aufeinander. Marja hat zwei Ringe spendiert, die sie aus ihrem Fundus hervorgekramt hat.

Ich ordne sie den Brautleuten zu. Sidorow schiebt Marja den dicken Ring mit glänzendem Stein über den Finger, der Finger ist zu breit, Marja beißt die Zähne zusammen. Geschafft. Als Nächstes bekommt Sidorow einen, der Finger ist zu knochig, und der schmale Ring baumelt daran. Sidorow ballt eine Faust, damit er nicht runterfällt. „Seid gut zueinander", sage ich. Marja schaut mich aus aufgerissenen Augen an, als hielte ich die Bergpredigt. „Ihr seid jetzt Mann und Frau."

Ich spüre Marjas rasenden Puls. Bei Sidorow spüre ich gar nichts, seine Haut ist kalt und trocken. Wieder liegt diese Erwartung in der Luft.

„Kannst du dich erinnern?", flüstere ich Jegor zu. „Kannst du dich erinnern, was man jetzt macht?"

„Segne sie", raunt er mir ins Ohr. „Und den Kuss nicht vergessen."

Das kann nicht sein Ernst sein, denke ich, es sind alte Leute, und ich habe Anstand. Aber sie schauen immer noch, als ob sie auf etwas Bestimmtes warten, und ich atme laut aus.

„Ich beglückwünsche, und ich ... segne euch", sage ich, und Marjas Augen beginnen zu leuchten. „Und, wenn ihr unbedingt wollt ... ich möchte sagen ... Sidorow, du darfst jetzt die Braut küssen."

Kristine Bilkau

Eine Liebe in Gedanken

Wo? Wo genau war dein Zimmer?

Ich sah hoch zu dem Fenster neben dem kleinen Erker und stellte mir vor, es wäre ihres gewesen. Ich behielt das Fenster im Blick, sah so lange hin, bis das Zimmer wirklich ihr gehörte, Antonia Weber, bis die Zeit wieder die ihre war, Mitte der Sechzigerjahre. Solange ich das Fenster nicht aus den Augen ließ, wohnte die junge Frau da oben, die Zweiundzwanzigjährige mit den kurzen, dunklen Haaren, den schlanken Armen, den dichten, geschwungenen Augenbrauen, der dauerhaften leichten Bräune eines Mädchens, das an der See aufgewachsen war, der schmalen Taille einer Frau, die sich von Dosenmandarinen mit Joghurt und Pumpernickel mit etwas Käse ernährte, weil sie ihr Geld lieber für Schallplatten und Zeitungen ausgab, für kurze Kleider und Verzugsgebühren in der Bibliothek der Universität, an der sie nicht studierte, aber wo sie sich manchmal herumtrieb, als würde sie dazugehören. Sie war dort oben in dem Zimmer, ich konnte ihre Zuversicht spüren, ihre Vorfreude auf diesen Abend, auf den nächsten Tag, auf die kommenden Wochen und Monate, auf alles, was nun endlich geschehen würde, nun, da sie einen Job, ein eigenes Zimmer, ein Leben in dieser Stadt hatte. Ich konnte ihre Erwartungen spüren.

Sie schlüpft aus den Schuhen und legt Musik auf. Nat King Coles weiche Stimme und das gleichmäßige Knistern der Kratzer, denn sie behandelt ihre Schallplatten mit Ungeduld.

Sie trägt ein Kleid in Zitronengelb, kurz, mit weißem Kragen, ihre Schritte rascheln leise auf dem Teppich, während sie durch das Zimmer geht, zum Regal, zum Sofa, immer wieder in die Nähe des Fensters, um zu sehen, ob der Mann noch dort unten wartet. Sie hat ihm in der Straßenbahn, auf dem Weg von der Arbeit nach Hause, den Kopf verdreht; den Kopf verdreht, so würde sie es einer Freundin erzählen. So hat sie es mir erzählt. Anfangs beobachtete er sie zaghaft, als wollte er nicht erwischt werden beim Hinsehen. Sie erwischte ihn doch, lächelte ihn direkt an, um dann kurz darauf scheinbar gelassen aus dem Fenster zu blicken, was sie aber nicht lange durchhielt. Sie mochte sein Gesicht, eine hohe Stirn wie die von Camus, und auch so feine Lippen wie er, dunkle Haare. Mit seinen schmalen Schultern sah er aus wie jemand, der als Junge nicht der Schnellste, Stärkste oder Lauteste gewesen war, und der das auch gar nicht vorgehabt hatte.

An der Haltestelle vor ihrem Haus stieg sie aus, mit ihr noch ein paar andere Leute, und dahinter er; das sah sie aus dem Augenwinkel, während sie an der Ampel warten musste. Langsam ging sie auf die andere Straßenseite und blickte wie zufällig über die Schulter zurück; er folgte ihr immer noch, in höflichem Abstand. Vor der Tür klappte sie ihre Handtasche auf und suchte nach dem Schlüssel. Nachdem sie ihn gefunden hatte, tat sie weiter so, als würde sie suchen, dabei wartete sie neugierig darauf, was nun passieren würde. „Verzeihen Sie", sagte der Mann, sie drehte sich zu ihm um, „wahrscheinlich haben Sie ohnehin keine Zeit, sicher haben Sie Besseres vor, aber ich möchte trotzdem gern fragen, ob ich Sie zu einem Kaffee einladen darf." Er blickte abwechselnd zu ihr und zum Café gegenüber, sie mochte sein nervöses Lächeln und hätte fast sofort Ja gesagt. Doch eine Frau auf der Straße anzusprechen, das war zu einfach, darauf konnte sie sich nicht einlassen, ohne den falschen Eindruck zu wecken. Sie überlegte, wie sie es anstellen konnte, den Kaffee abzulehnen und dann doch nicht abzulehnen. „Ich habe eine Cousine zu Besuch", sagte sie und fügte hinzu, „aus Paris." Es hatte einen gewissen Reiz, Paris zu erwähnen, es klang nach Abenteuer und der Möglichkeit für Glanzvolles, es klang nach einem Leben voller interessanter Ereignisse. Auf der Straße von einem fremden Mann angesprochen zu werden, war nur ein staubkornkleiner Teil eines solchen Lebens, so klang Paris.

„Ich weiß noch nicht, was meine Cousine heute vorhat. Vielleicht habe ich etwas Zeit für einen Kaffee, vielleicht in einer halben Stunde, vielleicht später." Sie schloss die Tür auf, schob sie einen Spaltbreit auf und sah ihn fragend an.

„Sicher, das verstehe ich. Da drüben", er zeigte zum Lokal gegenüber, „werde ich eine Weile warten und

würde mich freuen, wenn Ihre Cousine Sie für eine Viertelstunde freigibt. Die haben auch Eiskaffee", sagte er noch, lächelte, „also, ich meine, wirklich guten Eiskaffee." Er wirkte nicht wie einer, der regelmäßig Frauen auf der Straße ansprach.

Jetzt muss sie noch etwas Zeit verstreichen lassen, um herauszufinden, ob er jemand ist, der wartet, ob sie jemand ist, auf den gewartet wird.

Erst fünfzehn Minuten sind geschafft. Wieder geht sie ans Fenster, nicht zu nah, nur gerade so, dass sie die andere Straßenseite sehen kann. Da hinten steht er. Sie beobachtet, wie er sich tapfer langweilt, wie er die Auslage des Tabakladens betrachtet, dann die des Käseverkäufers, wie er langsam in die eine Richtung, dann in die andere geht. Er könnte sich ins Café setzen und dort auf sie warten, aber das scheint er nicht zu wollen. Fünfzehn zähe Minuten, doch die genügen noch nicht, sie darf es ihm nicht zu leicht machen, niemals leicht, leicht ist ein hartes Wort, ein ungerechtes dazu, es lässt sich schnell dahinsagen und verschwindet nie wieder. „Pass bloß auf dich auf", sagt ihre Mutter bei jedem Abschied, „ich mach mir solche Sorgen", sagt ihre Mutter am Ende jedes Telefonats und klingt dann, als würde sie schrecklich darunter leiden, sich Sorgen machen zu müssen. Das Mädchen,

das noch keinen Ring trägt, das allein in der Großstadt lebt, ist schuld daran. Doch die Sorge ist nicht echt, sie ist nichts als ein Vorwurf, sie bedeutet Enge und Bevormundung.
Aus dem Wäschehäuflein unten im Schrank zieht sie drei Paar Nylonstrümpfe heraus. Um noch etwas Zeit zu überbrücken, kann sie auch gleich etwas Sinnvolles tun. Sie geht ins Bad, weicht die Nylons in lauwarmem Wasser ein und gibt einen Klecks Schauma dazu, nicht zu viel, die Tube muss bis Ende des Monats halten, dann kann sie wieder einkaufen. Vor dem Spiegel zupft sie sich das Haar zurecht, zwirbelt links die Locke neben der Wange um den Finger und gibt einen Zisch Spray darauf, dann die rechte, mit dem Kamm hebt sie das Haar hinten etwas an, toupiert ein bisschen nach. Sie hat Glück, die Leine über der Wanne ist frei, keine vergilbten Unterkleider von Frau Konrad, keine ausgeleierten Schlüpfer von Herrn Lewerenz. Sein Husten ist schlimmer geworden, jeden Morgen hört sie, wie Herr Lewerenz sich abmüht, in seinem Zimmer am anderen Ende des Flurs. Sie drückt das Wasser vorsichtig aus den Strümpfen und legt die federleichten Stoffe über die Leine. Manchmal hängt Fräulein Friedrichs ihre mit Ziehfäden durchsetzten Strümpfe dazu, doch nimmt Stunden später, wie aus Versehen, die anderen,

die guten wieder ab. Immer wieder das gleiche Spiel: Mit den alten Strümpfen in der Hand klopft sie dann bei Fräulein Friedrichs, hält ihr die zerzausten Dinger vor die Brust, „Das müssten Ihre sein, nicht meine Größe, die sind mir nämlich zu kurz, wissen Sie?"
Schnell zurück ins Zimmer, zum Fenster, er ist noch da. Ein Blick auf die Uhr. Sie dreht die Schallplatte um. Das kleine Sofa, das nur für zwei schmale Leute gemacht ist, könnte näher am Fenster stehen, das hatte sie schon lange vor. „Damensofa in einem modernen Campari-Rot", stellte es der Verkäufer ihr vor. Sie hat sich das Sofa einiges kosten lassen, zusammen mit dem Plattenspieler und sechs Cocktailgläsern hat sie es sich gekauft, für ihren neu gegründeten Haushalt, hier, in diesem Zimmer.
Was sagt sie, wenn der Mann sie fragt, wie sie zu einer Cousine in Paris gekommen ist? Eine Cousine in Paris, die haben sicher nicht viele. Sie bräuchte einen Onkel und eine Tante in Frankreich. Ein Onkel, der in Frankreich stationiert war, der sich, anders als von ihm erwartet wurde, in eine Französin verliebte, der, anders als von ihm erwartet wurde, in Frankreich blieb, die Französin heiratete und sieben Kinder mit ihr bekam. Wie schön wäre es, einen solchen Onkel zu haben. Sie hat nur einen, über den niemand spricht.

Sie rückt das Sofa ein Stück von der Wand ab und schiebt es durch das Zimmer, zur anderen Seite, bis es schräg in der Ecke, halb vor dem Fenster steht, die Sitzfläche dem Raum zugewandt. Den kleinen Tisch stellt sie davor und nimmt Platz. Als wäre sie zu Besuch, als wäre sie zum ersten Mal hier, als wäre sie der Mann aus der Straßenbahn, lässt sie das Zimmer auf sich wirken. Ihm würde auffallen, dass sie leuchtende Farben mag, das rote Sofa, die orangefarbene Tagesdecke auf dem Bett, die zwei meerblauen Kissen auf dem Boden. Er würde sehen, dass sie Zeitungen hortet, dass sie Pernod und Gin trinkt, und halbtrockenen Sherry. Vielleicht würden ihm die alten Tapeten auffallen, er würde die Risse an der Decke sehen und würde bemerken, dass sie nicht gern Staub wischt. Sie lässt den Blick weiter schweifen, er würde die Postkarten mit den Bildern von den Straßen in Paris sehen, die über dem Plattenspieler hängen, er würde vielleicht denken, die Karten hätte ihre Cousine geschickt. Sie zieht die Beine hoch, kniet sich aufs Sofa und schaut wieder aus dem Fenster. Tabakladen, Käsegeschäft, Café, Ampel, eine Straßenbahn hält. Er ist nicht mehr da.
Sie wartet, die Bahn fährt weiter. Der Mann mit den knabenhaften Schultern und dem zaghaften Lächeln, er ist wirklich gegangen. Er hat sich überlegt, dass er

sie doch nicht kennenlernen muss, dass dreißig Minuten Warten zu lang sind. Die Nadel des Plattenspielers hängt auf dem letzten stummen Stück fest, in der Küche klappert jemand mit Töpfen. Vielleicht ist er vor Kurzem in die Straßenbahn gestiegen, vielleicht in jene, die sie eben hat davonfahren sehen. Im Flur klingelt das Telefon, jemand geht eilig hin, sie hört die Stimme von Fräulein Friedrichs.

Wieder schaut sie auf die Straße, hätte sie eine Cousine aus Paris zu Besuch, was würde sie mit ihr jetzt unternehmen? Sie würden in ein Restaurant gehen, vielleicht würden sie danach durch die Wallanlagen spazieren, vorbei an den Teichen mit den Seerosen, weiter zu den Wasserfontänen, wo sie eine Weile bleiben und sich eine Limonade kaufen würden.

Er hat nicht gewartet, aber das ist nicht weiter schlimm. Morgen hat sie ihn vergessen.

Sie und ihre Cousine könnten auch zur Universität gehen und nachsehen, ob ein interessanter Vortrag stattfindet, oder eine Filmvorführung.

Er hat nicht gewartet, aber das ist nicht weiter wichtig. Oder sie könnten ins Kino gehen und danach, hier oben, eine Weile am offenen Fenster sitzen, Musik hören, Pernod trinken und die warme Abendluft atmen.

Eine Zeitung unterm Arm tritt er aus dem Tabakladen. Er ist wieder da. Er ist gegangen und zurückgekehrt. So kommt es ihr vor. Nein, er war die ganze Zeit da und hat auf sie gewartet. Unvermittelt bleibt er stehen, schaut herunter auf seine Schuhe. Zwischen den Leuten, die es eilig haben, steht er einfach da und betrachtet die Schuhspitzen, als wäre er allein mit sich, und weil sie sich so freut, dass er dort auf sie wartet, dass er für sie zurückgekommen ist, obwohl er gar nicht gegangen war, beschließt sie, dass er ein feiner Mensch ist und dass sie sofort bei ihm sein muss. Sie zieht den kleinen Spiegel aus der Handtasche, streicht mit der Fingerspitze über die Augenbrauen. Sie schlüpft in die Schuhe, verlässt die Wohnung, läuft hastig die Treppen herunter, einen Moment wartet sie, bis sich der Atem beruhigt hat, dann öffnet sie die Tür. Der Straße den Rücken zugewandt liest er Zeitung. Er wird nicht sehen, wie sie zu ihm geht, er wird überrascht sein, wenn sie auf einmal hinter ihm steht und ihm auf die Schulter tippt. „Guten Abend“, wird sie sagen, und vielleicht ein Spiel daraus machen, „Verzeihen Sie, aber dürfte ich Sie einladen? Es soll hier Eiskaffee geben, wirklich guten, habe ich gehört.“

Frank Goosen

Hochzeit mit Ginger Rogers

Es war an einem sonnigen Januarmargen, kurz nach der Jahrtausendwende. Ich war Mitte dreißig, aber voller Hoffnung, saß am Frühstückstisch und arbeitete irgendein Feuilleton durch, da bemerkte ich, dass die Frau, der ich vor etwa anderthalb Jahren begegnet war, mir immer noch gegenübersaß. Und sie hatte etwas gesagt, das ich zuerst nicht richtig verstanden hatte. Vielleicht hatte ich es auch verstanden, im Sinne von „gehört", aber nicht verstanden im Sinne von „begriffen".

Ich sagte: „Könntest du das bitte noch einmal wiederholen?"

„Wenn wir eh zusammenbleiben wollen, könnten wir eigentlich auch heiraten, oder?"

„Wen sollen wir denn heiraten?", entgegnete ich verwirrt.

„Na ja", sagte sie, „ich dachte, ich heirate dich und du heiratest mich, dann können wir in der gleichen Wohnung wohnen bleiben."

„Ja, aber ist heiraten denn nicht spießig?"

„Nein, das war früher."

„Ach so.“
„Frag mal deinen Steuerberater!“
Ich stand auf, ging zum Telefon und rief meinen Steuerberater an. Bis dahin war ich immer davon ausgegangen, dass die meisten Ehen auf dem Stockholm-Syndrom basierten, also der zwanghaften Verbrüderung einer Geisel mit ihrem Kidnapper. Nur dass in der Ehe beide beides waren. Mein Steuerberater rechnete mir vor, was ich sparen könnte, wenn ich die Frau, die bei mir wohnte, gesetzlich an mich binden würde. Das gab mir den Glauben an die Liebe zurück.
Ich ging zurück in die Küche.
„Du hast recht“, sagte ich, „es ist überhaupt nicht spießig zu heiraten. Es ist sogar ziemlich cool.“
„Also, das ist gebongt. Wann sollen wir es machen?“
„Wir könnten unseren Jahrestag im August nehmen, dann muss ich mir nicht so viele Daten merken.“
„Gute Idee.“
Damit war die Sache erst einmal erledigt. Wir nahmen unser gefahrloses Leben als zusammenlebende Singles wieder auf und waren so glücklich und zufrieden, wie man es sein kann, wenn man Anfang dreißig ist und sich selbst einer versteckten Leidenschaft für Einbauküchen und Ford Mondeos verdächtigt. Dann erwischte ich meine Frau (die meine Frau noch nicht war, sondern

meine Freundin, was sich in der Rückschau so ein bisschen unanständig anhört, nach Konkubine oder so) eines Nachmittags, wie sie in ihrem Zimmer auf dem Boden kniete, um sich herum unüberschaubare Stapel von Papier. Auf meine Frage, was sie da treibe, antwortete sie, sie ordne die Quittungen für unsere Steuererklärung. Unsere? Tatsächlich: Auf den zweiten Blick stellte ich fest, dass sie auch meine Bahnfahrkarten, Gagenabrechnungen, Buch-, Bürobedarfs- und Taxiquittungen, die ich einmal pro Woche in eine große Kiste warf und damit komplett von meiner inneren Festplatte löschte, in eine nachvollziehbare Ordnung zu bringen suchte.

„Ich weiß genau, dass dieses ganze Zeug mich an irgendetwas erinnern soll“, sagte sie, ihre Unterlippe mit den Zähnen knetend, „ich weiß nur nicht mehr, an was.“

„Du tust ja so, als wären wir verheiratet.“

„DAS war es! Heiraten? Habe ich mich nicht kürzlich mit irgendjemandem darüber unterhalten?“

„Ich glaube, mit mir“, entgegnete ich.

„Und aus welchem Grund?“

„Ich glaube, du wolltest mich ehelichen.“

„Wirklich? Das ist ja lustig.“

Mühsam rekonstruierten wir unser zurückliegendes

Gespräch, ich rief noch mal meinen Steuerberater an, der mich statt einer Begrüßung gleich anschnauzte, wieso er zu der bevorstehenden Hochzeit noch nicht eingeladen worden sei, und als wir wieder wussten, was wir vereinbart hatten, kam die Sprache auf die Angelegenheit mit dem Namen.

„Ich nehme natürlich deinen Namen an", sagte meine Freundin, meine Konkubine, meine Intensiv-Mitbewohnerin, SIE eben.

„Wie bitte?" Ich dachte, ich hätte mich verhört.

„Doppelnamen finde ich albern."

„Du könntest doch deinen eigenen Namen einfach behalten."

„Wie sollen dann unsere Kinder heißen?"

„Was meinst du mit Kindern?"

„Du weißt schon, diese kleinen Wesen, die einem aus dem Bauch wachsen, sehr viel Geld kosten, einen jahrzehntelang in den Wahnsinn treiben und dann in ein Altenheim abschieben."

Ich runzelte die Stirn. „Sind die nicht verboten worden?"

„Leider nicht."

„Ist man denn verpflichtet, welche zu machen?"

„Ja, sicher, hast du das noch nicht mitbekommen? Stand neulich in der Zeitung."

„Muss ich überlesen haben.“
Sie wollte also wirklich meinen Namen annehmen. Das ging doch nicht. Was sollten denn meine ganzen linken Freunde sagen? Ich würde dastehen wie ein drittklassiger Pascha aus der Adenauer-Ära, der sich seine Frau auf den Rücken bindet wie ein prähistorischer Jäger seine erlegte Beute. Ich fragte die Frau, die mit mir die Steuerklasse wechseln wollte, ob sie sich das nicht noch einmal überlegen wolle, ihr Name sei doch eigentlich sehr hübsch, ich würde nie von ihr verlangen, den abzulegen, aber sie sagte, gerade *weil* ich das nicht verlangen würde, sei sie ja bereit, es zu tun. Ich versuchte, meine Strategie zu ändern, und sagte in der Hoffnung, eine entsprechende Reaktion zu erhalten, na gut, sie habe schon recht, so sei es von der Natur vorgesehen, der Mann nehme sich das Weib, auf dass es seinen Namen trage jetzt und immerdar, im Heim und am Herd, am Tisch und im Bett. Aber sie lachte nur und fragte mich, ob ich wieder an den Mottenkugeln gelutscht hätte. Ich stellte mir vor, wie ich Olaf in Berlin anrief und ihn dabei erwischte, wie er gerade seinen Erstgeborenen stillte, um ihm zu erzählen, dass ich heiraten würde, ach, und übrigens, SIE nimmt MEINEN Namen an. Völlig unmöglich. Da könnte ich ja gleich wieder im Stehen pinkeln, ohne die

Brille, ach was, ohne den *Deckel* hochzuklappen! Ich machte einen letzten Versuch.
„Dann nehme ich deinen Namen an."
Genau. Das war noch besser, als wenn sie ihren behielt! Damit würde ich mir freien Eintritt zu allen soziokulturellen Zentren der näheren Umgebung sichern.
Olaf würde mir ein kenianisches Baby-Tragetuch schenken, und alle meine linken Freunde würden mich neidisch ansehen, weil ich den einen Schritt weiter gegangen war, zu dem sie nicht die Kraft gehabt hatten. DIE FRAU jedoch machte mir einen STRICH DURCH DIE RECHNUNG.
„Bist du irre?", sagte sie. „Ich habe keine Lust, als männermordende Amazone dazustehen, die ihren Mann nicht nur unter den Pantoffel, sondern gleich unter die Auslegeware zwingt. Wenn man die freie Wahl hat, heißt das auch, dass man sich für den Namen des Mannes entscheiden kann."
„Findest du nicht, dass du es dir ein bisschen zu einfach machst?"
„Findest du nicht, dass du es dir ein bisschen zu schwer machst? Und mir auch?"
Wir stritten noch zwei Stunden, dann zeugten wir ein Kind.
Ein paar Wochen später gingen wir zum Standesamt

und meldeten uns zur Eheschließung an. Ein kleiner Mann mit großen Schweißflecken unter den Achseln stellte uns eine Menge komischer Fragen, wie etwa: Woraus bestehen Schnürsenkel? Was bedeutet das Ribo in Desoxyribonukleinsäure? Heißt gehen auch bleiben? Sind blaue Haare gut? Wer hat den Käse zum Bahnhof gerollt?

Und dann durften wir uns ein Familienstammbuch aussuchen. Am Bochumer Standesamt kann man wählen zwischen den Modellen „Roxana Nubuk“, „Veneto Glanz“, „Palazzo“, „Bozen“ und „City“. Ich nahm das Modell „City“ in die Hand und war versucht auszurufen: „Ich hätte gerne einmal das Hacksteak mit Bratkartoffeln, den Beilagensalat und eine Cola light ohne Cola“, denn das Ding sah aus wie die Speisekarte einer Pommesbude. Alle anderen waren schwarz und sahen aus, als könne man darin nur Sterbeurkunden abheften. Als ich dem Standesbeamten sagte, dass ich das witzig fände, sah er mich an, als überlege er, mir die Heiratserlaubnis wegen erwiesenen Schwachsinns zu verweigern.

Nachdem wir unseren Wunschtermin festgeklopft hatten, fingen wir mit den Listen an. Listen sind sehr wichtig für eine Hochzeit. Listen sind wichtiger als Ringe.

Man erstellt zuerst die Liste der Verwandten, die eingeladen werden *müssen*. Dann die Liste der Verwandten, die man einladen *könnte*, wenn noch Platz wäre. Dann die Liste der Verwandten, die *auf keinen Fall* eingeladen werden *dürfen*, weil sich entweder Braut oder Bräutigam in letzter Minute gegen die Ehe entscheiden könnte, weil er/sie nicht bedacht hat, welchen menschlichen Sondermüll man am Hacken haben würde.

Dann kommt die Liste der Freunde, ohne die man nicht leben, geschweige denn heiraten kann. Die ist sehr kurz. Dann kommt die Liste der Freunde, von denen man sich vorstellen kann, dass sie das Fest erotisch und/oder intellektuell bereichern könnten. Dann die Liste der Freunde, die keine mehr sind, denen man das aber nicht sagen will, weshalb man sie trotzdem einladen muss. Diese Liste ist die längste. Zum Schluss die Liste der Leute, denen man Geld schuldet.

Aus all diesen Listen gilt es, eine Festgemeinde zusammenzustellen, bei der die Wahrscheinlichkeit, dass sie sich nach der zehnten Runde Bessen Genever den Schädel einschlägt, möglichst gering ist. Doch merke: Eine Party völlig ohne Ausschreitungen ist langweilig.

Dann kam der große Tag. Verschlafen konnte man gar nicht, weil die Familie meiner Fastfrau angereist war, samt drei Jungs und einem Mädchen, die sich gegen sieben Uhr morgens neben unserem Bett aufbauten und die kongolesische Nationalhymne sangen. Vielleicht imitierten sie auch Störgeräusche einer Funkverbindung zwischen Houston und der Venus, jedenfalls war an Schlaf nicht mehr zu denken. Mir wurde plötzlich klar, dass ich in ein paar Stunden mit diesen ... Kindern verwandt sein würde. Ich fragte mich, ob die Frau, die sich neben mir gerade aus dem Bettenberg wand, mir wohl ein Alibi geben würde, wenn ich das Kindszeug noch eben schnell im Garten vergrub. Ich wollte es nicht darauf ankommen lassen, stand auf, wusch mich und erfuhr beim Frühstück die komplette Lebensgeschichte von Bibi Blocksberg und Benjamin Blümchen, den Pokémons und eines Katers namens Findus, und alles in der Lautstärke, die sonst nur dreihundert gleichzeitig laufende Mähdrescher hinbekommen.

Dann stand plötzlich eine ziemlich gut aussehende Frau in einem knallroten Kleid neben mir, und ich dachte, eigentlich könnte ich sie heiraten. Ich fragte sie, sie sagte ja, und der Einfachheit halber machten wir uns gleich auf den Weg zum Rathaus.

Bisher waren meine Besuche beim Standesamt immer so verlaufen: „Nun, Herr Goosen, Sie erscheinen jetzt hier zum fünften Male und wollen heiraten, haben

aber wieder keine Frau mitgebracht." – „Na, ich riskiere doch nicht, dass die nein sagt!"
Diesmal aber lief alles glatt. Eine Erleichterung: Wir waren ausverkauft, einige mussten sogar stehen. Alle Gäste sahen lecker aus, die Stimmung war gut, nur als ich meiner attraktiven Trauzeugin am Ohrläppchen herumknabberte, zog noch einmal ein Schatten durch den Raum. Die Neffen und Nichten begannen, sich mit der Zimmerpflanze im hinteren Teil des Raumes zu befassen.
Der Standesbeamte sprach deutlich im hiesigen Idiom, was ich sehr begrüßte, nur war er auch noch ziemlich witzig, was mich durchaus verunsicherte, schließlich war ich hier der Komiker. Plötzlich sagten zwei Menschen nacheinander sehr laut „Ja", und es machte sich allgemeine Erleichterung breit, dass ich einer von ihnen war. Im Augenwinkel sah ich, wie einer der kleinen Jungen, die jetzt meine Neffen waren, in die Zimmerpflanze pinkelte.
Dann durften wir hinausgehen und die Geldgeschenke entgegennehmen. Wer etwas anderes oder gar nichts schenkte, wurde verhauen.
Dann wurden alle verscheucht, und wir fuhren in die Flitterwochen nach Bottrop. Ach nein, es gab ja noch eine riesige Fete mit Hunderten von Gästen, in deren

Verlauf ich meine Omma wiederholt von der Tanzfläche aboperieren musste, weil sie sich für Ginger Rogers hielt – und das ist sie wohl auch, aber das ist eine ganz andere Geschichte.

Erich Kästner

Die Verlobungsjagd

Es war neun Uhr morgens. – In der Nacht schien Schnee gefallen zu sein. Jedenfalls versuchten die Dächer den entsprechenden Eindruck zu erwecken. Es gelang ihnen freilich nur stellenweise ... Die Straßen sahen abscheulich aus. Und die Passanten schoben die Füße durch den Schmutz, als übten sie Skilaufen.

Herr Doktor Enterlein vollführte gerade die letzte Kniebeuge, schloß dann das Schlafzimmerfenster, schlüpfte in die Pyjamajacke und schlenderte in seine Wohnstube hinüber. Im Ofen prasselte Holz. Enterlein rieb sich die Hände, goß Tee ein, suchte nach Post, fand nur die Zeitung und setzte sich, faul und gähnend, vor den Schreibtisch. Erst trommelte er mit den Fingern auf der Stuhllehne herum. Dann klapperte er, zirka eine Minute, mit dem Federhalter. Und schließlich wandte er seine ungeteilte Aufmerksamkeit dem Abreißkalender zu.

Er entsann sich, daß morgen Neujahr sei. Also war heute Silvester. Im Anschluß an diese unbestreitbare Erwägung begann er die überholten Datumzettel abzurupfen, bis die Rechnung stimmte: 31. Dezember.

Enterlein fiel dabei eine Notiz ins Auge. Er beugte sich träge vornüber, um lesen zu können, – und sprang hoch, als habe er sich versehentlich auf eine heiße Herdplatte gesetzt ...
Das Kalenderblatt aber sah folgendermaßen aus:

Dezember 31 Tage
31
Dezember

Schlußtermin der Wette mit Bettina (1000 Mark).
Muß unter allen Umständen gewonnen werden!

Herr Doktor Enterlein stand längere Zeit vor seinem Schreibtisch, als sei er festen Willens, blödsinnig zu werden. Sein Gesicht ließ hierüber nicht den geringsten Zweifel zu. – Dann stieß er einen Laut aus, der seinem Bildungsgrad in keiner Weise entsprach. Und zwei Minuten später lehnte er, zum Ausgehen fertig, an der Tür. Er warf noch einen Blick ins Zimmer, als nehme er auf Jahre hinaus Abschied. – Plötzlich schien er sich eines bessern zu besinnen, stürzte zum Telephon, stellte den Anschluß her und sprach minutenlang mit irgend jemandem. Dann hängte er ab, notierte etwas, schob den Hut aus der Stirn und telephonierte von

neuem. Wieder hängte er ab. Wieder machte er Notizen. Und telephonierte zum dritten Mal.
Eine volle Stunde mochte er mit diesem abwechslungsreichen Einerlei zugebracht haben, als er aufstand, Hut und Mantel ablegte, ein großes Stück weißen Papiers aus einer Mappe nahm und, unter eifriger Benutzung seiner Notizen, etwas entwarf, was einem Stundenplan verteufelt ähnlich sah. – Und zwar so:

4h	Café „Magnet“	Melitta Stoeckel
4^{30}	Intime Bar	Ruth Gwinner
5h	Café „Buen Retiro“	Lucie Schädlich
5^{30}	Exzelsiordiele	Katrin Perlbach
6h	Café „Blaue Hand“	Josefine Basch
6^{30}	Prinzeß-Kasino	Ursel Bansin
7h	Klubhaus A. S. C.	Mix Meyer
7^{30}	Café „Walfisch“	Alice Stetten

Halb vier Uhr saß Doktor Enterlein bereits im Café „Magnet“ und trank Kognaks. Um vier wollte er sich mit Fräulein Melitta Stoeckel treffen. Fünf Minuten vor halb fünf kam sie denn auch. – Enterlein blickte, statt sie anzuschauen, giftig auf die Uhr, deren Zeiger weiterrückten; das Mädchen bestellte sich Kaffee und Torte, musterte ihn neugierig und schien keineswegs ohne

Anteilnahme. Schließlich fragte sie ihn, was er eigentlich wolle. Er stand, statt zu antworten, auf. Zog den Mantel an. Fräulein Stoeckel war erstaunt und aß Torte. Dann sagte sie: „Du solltest ein bißchen in den Engadin fahren, Robert. Die Luft dort oben würde dir gut tun. Ich kann dir in Pontresina ein ausgezeichnetes Hotel empfehlen. Es heißt ... na, wie heißt es doch gleich?" Robert Enterlein knöpfte den linken Handschuh und sprach: „Melitta, willst du dich mit mir verloben?" Sie prüfte sein Gesicht und meinte, St. Moritz wäre für Gemütskranke zu lebhaft. Dann fragte sie aber doch:
„Wann?" – Er nahm den Hut vom Nagel und murmelte resigniert: „Sofort." Darauf lachte sie. Er zuckte zusammen, hielt seine Hand hin und sagte: „Auf Wiedersehen, Kindchen!" Nun wurde sie böse; erkundigte sich, was ihm eigentlich einfalle, sie bei solchem Wetter aus dem Haus zu locken; ob er denn glaube, Verlobungen würden beim Adieusagen erledigt! Im übrigen sei sie nicht etwa abgeneigt. Aber so schnell gehe es keinesfalls. Sie könne ja gelegentlich mal mit den Eltern Rücksprache nehmen. Zwar gebe es da einen gewissen Herrn Haferkorn, den der Vater für sie ...
Enterlein befand sich inzwischen längst auf der Straße, winkte einem Auto, rief „Intime Bar!" stieg ein und

begann, als Melitta ihren Satz beendet hatte, gerade damit, auf Ruth Gwinner zu warten ...
Es hat keinen Sinn, Robert Enterleins Nachmittagsbeschäftigung länger zu verfolgen. Die anderen sieben Mädchen rieten ihm, der Reihe nach, sieben andere Erholungsreisen. Siebenmal noch wurde er für geistig leicht gestört erklärt. Siebenmal wurde sein ungestümer Drang zur Verlobung nachdrücklich unbescheiden gefunden und abgelehnt. Und noch siebenmal wurde ihm bedeutet, daß man seiner Nachfrage (allerdings bei längerer Lieferungsfrist) ein günstiges Angebot recht wohl in Aussicht stellen könne.
Vom Leid gebeugt, vom Schneetreiben durchnäßt und marode kehrte Herr Doktor Enterlein gegen acht Uhr nach Hause zurück. Dort sank er in den ersten besten Stuhl und ließ den Kopf, auf dem der Hut noch saß, hängen. Was er tat und dachte, bleibt der Beschreibung unzugänglich. Denn er tat und dachte nichts. – Sein Inneres glich einem großen Theater, dessen Schauspieler nach Haus gingen, da keine Zuschauer kamen ...
An den Fenstern wirbelten die Flocken vorbei, als hätten sie es eilig. Die Straßenpassanten marschierten mit schiefen Köpfen gegen den Wind und zogen die Füße aus dem Schlick, als hätten sie sich verbrannt. Hundewetter war der richtige Ausdruck ...

Und dann klingelte das Telephon. Enterlein stolperte durch das dunkle Zimmer und murmelte: „Hallo." Die Stimme am andern Ende mußte ihm bekannt sein; denn er unterdrückte einen Fluch und fragte, so harmlos als es gehen wollte: „Was ist denn los, Bettina? Waaas? – Wette zwischen uns? Das muß ein Irrtum sein! ... Allen Ernstes, ich hab' keine Ahnung mehr. Worum handelte sich's denn?"

Bettina schien an dieser Stelle des Gesprächs ein ausführliches Lachen für gut zu finden; denn Enterlein fuchtelte wütend mit einem Arm in der Luft herum und sagte mild: „Beruhige dich doch, bitte, und verrate mir lieber den Gegenstand unserer Wette ... hm? ... So, so ... Ist schon möglich ... Nun, und? – Aber das ist ja Irrsinn, meine Liebe! In diesem Jahre verloben, sagst du, oder tausend Mark? ... Urkundlich festgelegt? ... oooh. – Das wird das Beste sein ... Sofort? – Ich möchte nur erst etwas essen. Vielleicht in einer halben Stunde? Schön.

Auf Wiedersehen, Bettina!"

Es darf für erwiesen und glaubhaft gelten, daß Robert Enterlein nichts aß. Er hockte viel mehr zehn Minuten in ernster Arbeit am Schreibtisch; zählte das Geld in Brieftasche und Schatulle; betrachtete ironisch den letzten Bankauszug; schrieb Zahlen untereinander, die er addierte und subtrahierte, bis er einsah, daß ihm ohne Multiplikation nicht zu helfen sei – und dann ging er aus.

Herr Doktor Enterlein hatte im Laufe des Tages acht mal auf junge Damen gewartet, die zu spät kamen. Bettina Fouqué war früher zur Stelle als er selber. – Die Begrüßung geschah herzlich. Und Enterleins rührenden Bemühungen gelang es, das Liquidationsgespräch, welches ihnen – genau genommen: ihm – bevorstand, zu verzögern. Es vergingen Stunden; die Lokale wurden gewechselt, daß es für die Gastwirte eine Lust war – von der Wette aber wurde bis elf Uhr lediglich mit den Blicken gesprochen... Bettina behielt (in all der Zeit und in all den Lokalen) ihre lächelnde gleichmütige Sachlichkeit bei, für die sie unter Freunden bekannt war und wie sie sich für eine Medizinerin schicken mochte. Enterlein geriet langsam und sicher in jenen Zustand, in dem man, wie behauptet wird, Blut schwitzt. Je später es wurde, um so öfter zog er seine Uhr heimlich aus der Tasche. Hoffte er ernstlich, seinem Schicksal zu entwischen?

Plötzlich fragte Bettina: „Wie spät ist's eigentlich, Robert?“ Er ließ ertappt die Uhr unterm Tisch verschwinden und sagte bescheiden: „Fünf vor halb zwölf!“ – „Verflixt!“ rief Bettina, „da muß ich doch schnell meinen Wettgewinn kassieren. Zahlst du bar oder per Scheck?" Robert erklärte sich außerstande, tausend Mark sofort flüssigmachen zu können. Im übrigen dürfe die Wette gar nicht gelten, da er sie ja vergessen habe und dadurch gar nicht in der Lage gewesen wäre… Bettina Fouqué kramte aus ihrer Tasche einen Zettel, der Enterleins Unterschrift trug. Und dann erkundigte sie sich bei ihm, welchen Zinsfuß er für angemessen halte, falls sie sich dazu herbeilasse, ihm die Schuld zu prolongieren. Enterlein zuckte die Achseln, und die Debatte wurde fortgesetzt. – Fünf Minuten vor Neujahr hatte man sich auf eine Verzinsung von fünfzehn Prozent (jährlich) geeinigt und einen Tilgungstermin anberaumt, den Enterlein einzuhalten versprach.

Während dieses merkwürdigen Schuldenabkommens war Bettina recht unruhig geworden und schien nun, wie vorher Enterlein, die Uhr für unentbehrlich zu halten… Drei Minuten vor zwölf wurde Fräulein Fouqué rot und sagte in ungewöhnlich bescheidenem Ton (ihre Stimme vibrierte geradezu, als gelte es, Angst zu haben): „Robert, bist du nicht auf den Gedanken gekommen, daß du die Wette noch immer gewinnen könntest? Auch jetzt noch?"

Herr Doktor Enterlein schüttelte den Kopf und bemerkte trübe:

„Mit wem sollte ich mich denn so schnell verloben?“ Doch seine letzten Worte klangen anders als die ersten. Es lag so etwas wie eine unermeßliche Verwunderung darin. Er blickte Bettina an. Doch sie hatte plötzlich irgendwo irgendein Federchen am Kleid gefunden, das sie mit größester Exaktheit und rühmlicher Ausdauer fortblies.

Schließlich schaute sie ihn doch an; ein bißchen hilflos, so, als habe sie sich zu weinen entschlossen. Sie flüsterte: „Robert, noch eine Minute ...“

Angemessenes Zartgefühl verbietet es, die folgende Szene zu detaillieren. Und statt unvornehmer Ausführlichkeit sei sofort auf den 3. Januar verwiesen, an dem bei Stoeckels, Gwinners, Schädlichs, Perlbachs, Baschs, Bansins, Meyers, Stettens und vielen andern eine Briefkarte eintraf, die einiges Aufsehen hervorrief und bei den Töchtern der genannten Familien Empörung oder Tränen. Oder, schlimmstenfalls, beides. –

Und auf der Briefkarte stand in Kochscher Antiqua-Kursiv:

In der Silvesternacht verlobten sich:
Dr. med. Bettina Fouqué
Dr. ing. Robert Enterlein
Infolge einer Wette, die beide gewannen

Elke Morri

Anschaffung eines Herberts

Wenn du dir einen Mann zulegen willst, sind zwei Dinge zu beachten:

1. Du musst Zeit investieren – in Erziehung, Pflege und artgerechte Haltung. Schließlich willst du mit ihm eventuell einige Jahre verbringen.
2. Dein Temperament und deine Vorlieben müssen mit denen des Mannes zusammenpassen. Sonst gibt's in der Beziehung Probleme zu diskutieren, die größer sind als die Auswahl des nächsten Kinofilms. Merke: Mann ist nicht gleich Mann.

Die Zweibeiner lassen sich in zehn Männergruppen einteilen. Jede Rasse ist anders und erfordert unterschiedliche Handhabung. Da die meisten Männer eher Mischlinge sind, empfiehlt es sich, alle Gruppen genau zu studieren. Sobald du sie verinnerlich hast, braucht der Mann nur einmal kurz zu wedeln, und du weißt sofort, mit welcher Gattung du es zu tun hast. Und ob du lieber gleich das Weite suchst. Grundsätzlich ist es natürlich löblich, wenn du einem Mann ein Zuhause

geben möchtest. Das bedeutet, dass du ein Herz für Herberts hast. Doch bevor du das tust, solltest du es dir genau überlegen. Dein Leben wird nicht mehr so sein, wie es war.
Deshalb lies dir lieber vorher die folgenden Fragen durch. Wenn du die Hälfte davon mit „Ja" beantworten kannst, bist du bereit für einen Mann. Ansonsten schaff dir lieber einen Hund an.

- Ich kann meinem neuen Mann angemessene Lebensumstände für eine rassengerechte Haltung bieten.
- Ein Mann ist in meiner Wohnung oder meinem Haus erlaubt.
- Es macht mir nichts aus, wenn der Mann durch vorangegangene Beziehungen gestörte Verhaltensmuster aufweist.
- Sollte ich einmal krank werden, habe ich Freunde und Verwandte, die auf den Mann aufpassen und ihn gegebenenfalls auch betreuen könnten.
- Ich bin trotz Berufstätigkeit bereit, mich dem Mann ausgiebig zu widmen.
- Ich mache gerne Ausläufe.
- Auch meine Familie mag Männer.

- Ich habe Kinder. Sie würden mit einem neuen Mann gut auskommen.
- Wenn der Mann eine starke Behaarung aufweist, stört es mich nicht, wenn er Teile davon in meiner Wohnung verliert.
- Ich würde den Mann sogar mit in den Urlaub nehmen.
- Ich bin mir darüber im Klaren, was auf mich zukommt.

Thomas Mann

Buddenbrooks

Herr Grünlich hatte einen Armsessel ganz dicht an ihren Fenstersitz herangezogen, er setzte sich, er nötigte auch sie selbst, sich wieder niederzulassen, und während er, vornübergebeugt, ihre Hand, die schlaff war vor Ratlosigkeit, in der seinen hielt, fuhr er mit bewegter Stimme fort:

„Fräulein Antonie ... Seit dem ersten Augenblick, seit jenem Nachmittage ... Sie erinnern sich jenes Nachmittages? ... als ich zum ersten Mal im Kreise der Ihrigen eine so vornehme, so traumhaft liebliche Erscheinung erblickte ... ist Ihr Name mit unauslöschlichen Buchstaben in mein Herz geschrieben ..." Er verbesserte sich und sagte: „gegraben". „Seit jenem Tage, Fräulein Antonie, ist es mein einziger, mein heißer Wunsch, Ihre schöne Hand fürs Leben zu gewinnen, und was den Brief Ihres lieben Herrn Vaters mich nur hoffen ließ, das werden Sie mir nun zur glücklichen Gewissheit machen ... nicht wahr?! Ich darf mit Ihrer Gegenneigung rechnen ... Ihrer Gegenneigung sicher sein!" Hierbei ergriff er auch mit der anderen Hand die ihre und blickte ihr tief in die ängstlich geöffneten Augen.

Er trug heute keine Zwirnhandschuhe; seine Hände waren lang, weiß von hohen, blauen Adern durchzogen.
Tony starrte in sein rosiges Gesicht, auf die Warze an seiner Nase und in seine Augen, die so blau waren wie diejenigen einer Gans.
„Nein, nein!“, brachte sie rasch und angstvoll hervor. Hierauf sagte sie noch: „Ich gebe Ihnen nicht mein Jawort!“ Sie bemühte sich, fest zu sprechen, aber sie weinte schon.
„Womit habe ich dieses Zweifeln und Zögern Ihrerseits verdient?“, fragte er mit tief gesenkter und fast vorwurfsvoller Stimme. „Sie sind ein von liebender Sorgfalt behütetes und verwöhntes Mädchen … aber ich schwöre Ihnen, ja, ich verpfände Ihnen mein Manneswort, dass ich Sie auf Händen tragen werde, dass Sie als meine Gattin nichts entbehren werden, dass Sie in Hamburg ein Ihrer würdiges Leben führen werden …“
Tony sprang auf, sie befreite ihre Hand, und während ihre Tränen hervorstürzten, rief sie völlig verzweifelt: „Nein … nein! Ich habe ja *nein* gesagt! Ich gebe Ihnen einen Korb, verstehen Sie das denn nicht, Gott im Himmel?! …“
Allein auch Herr Grünlich erhob sich. Er trat einen Schritt zurück, er breitete die Arme aus, indem er ihr

beide Handflächen entgegenhielt, und sprach mit dem Ernst eines Mannes von Ehre und Entschluss: „Wissen Sie, Mademoiselle Buddenbrook, dass ich mich nicht in dieser Weise beleidigen lassen darf?"

„Aber ich beleidige Sie nicht, Herr Grünlich", sagte Tony, denn sie bereute, so heftig gewesen zu sein. Mein Gott, musste gerade ihr dies begegnen! Sie hatte sich so eine Werbung nicht vorgestellt. Sie hatte geglaubt, man brauche nur zu sagen: „Ihr Antrag ehrt mich, aber ich kann ihn nicht annehmen", damit alles erledigt sei …

„Ihr Antrag ehrt mich“, sagte sie, so ruhig sie konnte; „aber ich kann ihn nicht annehmen … So, und ich muss Sie nun … verlassen, entschuldigen Sie, ich habe keine Zeit mehr.“

Aber Herr Grünlich stand ihr im Wege.

„Sie weisen mich zurück?“, fragte er tonlos …

„Ja“, sagte Tony; und aus Vorsicht fügte sie hinzu: „Leider …“

Da atmete Herr Grünlich heftig auf, er machte zwei große Schritte rückwärts, beugte den Oberkörper zur Seite, wies mit dem Zeigefinger auf den Teppich und rief mit fürchterlicher Stimme: „Antonie –!“

So standen sie sich während eines Augenblickes gegenüber; er in aufrichtig erzürnter und gebietender Haltung, Tony blass, verweint und zitternd, das feuchte Taschentuch am Munde. Endlich wandte er sich ab und durchmaß, die Hände auf dem Rücken, zweimal das Zimmer, als sei er hier zu Hause. Dann blieb er am Fenster stehen und blickte durch die Scheiben in die beginnende Dämmerung.

Tony schritt langsam und mit einer gewissen Behutsamkeit auf die Glastür zu; aber sie befand sich erst in der Mitte des Zimmers, als Herr Grünlich aufs Neue bei ihr stand.

„Tony!“, sagte er ganz leise, während er sanft ihre

Hand erfasste; und er sank … sank langsam bei ihr zu Boden auf die Knie. Seine beiden goldgelben Favoris lagen auf ihrer Hand.

„Tony …", wiederholte er, „sehen Sie mich hier … Dahin haben Sie es gebracht … Haben Sie ein Herz, ein fühlendes Herz? … Hören Sie mich an … Sie sehen einen Mann vor sich, der vernichtet, zu Grunde gerichtet ist, wenn … ja, der vor Kummer sterben wird", unterbrach er sich mit einer gewissen Hast, „wenn Sie seine Liebe verschmähen! Hier liege ich … bringen Sie es über das Herz, mir zu sagen: Ich verabscheue Sie –?" „Nein, nein!", sagte Tony plötzlich in tröstendem Ton. Ihre Tränen waren versiegt, Rührung und Mitleid stiegen in ihr auf. Mein Gott, wie sehr musste er sie lieben, dass er diese Sache, die ihr selbst innerlich ganz fremd und gleichgültig war, so weit trieb! War es möglich, dass sie dies erlebte? In Romanen las man dergleichen, und nun lag im gewöhnlichen Leben ein Herr im Gehrock vor ihr auf den Knien und flehte! … Ihr war der Gedanke, ihn zu heiraten, einfach unsinnig erschienen, weil sie Herrn Grünlich albern gefunden hatte. Aber, bei Gott, in diesem Augenblicke war er durchaus nicht albern! Aus seiner Stimme und seinem Gesicht sprach eine so ehrliche Angst, eine so aufrichtige und verzweifelte Bitte …

„Nein, nein!", wiederholte sie, indem sie sich ganz ergriffen über ihn beugte. „Ich verabscheue Sie nicht, Herr Grünlich, wie können Sie dergleichen sagen! ... Aber nun stehen Sie auf ... bitte ..."
„Sie wollen mich nicht töten?", fragte er wieder, und sie sagte noch einmal in einem beinahe mütterlich tröstenden Ton: „Nein – nein ..."
„Das ist ein Wort!", rief Grünlich und sprang auf die Füße. Sofort aber, als er Tonys erschrockene Bewegung sah, ließ er sich noch einmal nieder und sagte ängstlich beschwichtigend: „Gut, gut ... sprechen Sie nun nichts mehr, Antonie! Genug für diesmal, ich bitte Sie, von dieser Sache ... Wir reden weiter davon ... Ein anderes Mal ... Ein anderes Mal ... Leben Sie wohl für heute ... Leben Sie wohl ... Ich kehre zurück ... Leben Sie wohl! –"

Er hatte sich rasch erhoben, er hatte seinen großen grauen Hut vom Tische gerissen, hatte ihre Hand geküsst und war durch die Glastür hinausgeeilt.
Tony sah, wie er in der Säulenhalle seinen Stock ergriff und im Korridor verschwand. Sie stand, völlig verwirrt und erschöpft, inmitten des Zimmers, das feuchte Taschentuch in einer ihrer hinabhängenden Hände.

Katja Oskamp

Marzahn, mon amour

Die Bekanntschaft mit Peggy Engelmann verdanke ich Struppi. Struppi hat struppiges Fell, das ab und zu geschoren werden muss. Das macht die nette Frau, die ihren Hundesalon um die Ecke unseres Studios betreibt. Struppi ist ein Exemplar der russischen Rasse Bolonka Zwetna, was „buntes Schoßhündchen" bedeutet, und passt in fast jede Handtasche. Böse Zungen nennen Hunde, wie Struppi einer ist, Fußhupe.
Eines Tages brachte Peggy Engelmann Struppi zu seinem Friseurtermin und kam unterdessen zu mir, um sich die Füße machen zu lassen. Wir verstanden uns auf Anhieb; Peggy Engelmann ist eine herzliche Frau, die direkt losschnattert, kein Blatt vor den Mund nimmt und gern das letzte Wort hat. Mit ihren wundervoll kräftigen roten Naturlocken erinnert sie mich manchmal noch an Pippi Langstrumpf und manchmal schon an Maria Stuart, die schottische Königin. Peggy Engelmann ist zweiundvierzig Jahre alt und dabei, sich in eine Matrone zu verwandeln.
Was die Füße angeht, gibt es zwei Probleme. Erstens sind sie stets einwandfrei gepflegt, weder Horn- noch

Nagelhaut ist zu beseitigen, die Nägel sind makellos gerade geschnitten und gefeilt. Zweitens reagiert Peggys Haut allergisch auf ungefähr alles, und ich darf weder Schaumbad noch Peeling anwenden, keine unserer Cremes, nicht mal Nagelöl. Mit anderen Worten: Ich habe nichts zu tun.

Als Peggy Engelmann auf dem Thron saß, regelte sie per Smartphone die Lieferung des neuen Schuhschranks, die Vorstandssitzung des Kleingartenvereins, die Frühstücksverabredung mit ihren Kindern, die schon groß und ausgezogen sind. Wir plauderten, wir gackerten, und ich massierte ihr die Füße mit einer allergietauglichen Spezialcreme, die sie in der Handtasche parat hatte. Fürs nächste Mal vereinbarte Peggy Engelmann zwei Termine, einen für sich und einen für ihren Mann Mirko, welche sie wiederum mit Struppis Termin koordinierte.

Acht Wochen später brachte Peggy Engelmann Struppi planmäßig in den Hundesalon, kam um 16.30 Uhr zu mir und erklärte lachend, ich solle mich nachher nicht wundern, wenn sie im Fußpflegeraum bei Mirko bleibe, er würde sich nie und nimmer allein hierhertrauen.

Während Struppi ganz allein bei der netten Frau im Salon blieb, fehlte Peggys fünfundvierzigjährigem Ehemann offenbar dieser Mut. Mein Verdacht, dass Peggy die Fußpflege nicht um ihrer selbst willen aufgesucht hatte, bestätigte sich, als Mirko auftrat. Er kam um 17.30 Uhr und direkt von der Arbeit, grüßte mich kaum, gab Peggy einen Kuss und zog zuerst die saubere Hose an, die sie ihm von zu Hause mitgebracht hatte. Er sprach wenig bis nichts, schaute sich ängstlich in der neuen Umgebung um. In Vorbereitung auf seinen Termin hatte er sich – typischer Anfängerfehler – die Zehennägel geschnitten, allerdings nur acht. Beide Großzehen waren komplett nackt bis auf zwei winzige Hornplättchen an den Nagelwurzeln. Ich fragte Mirko, was mit den Großzehen passiert war. Sie seien schlimm entzündet gewesen, erklärte Peggy, die auf dem Stuhl am Fenster saß, da habe der Doktor kurzen Prozess gemacht. Ich stellte mir vor, wie Peggy Mirko zum Arzt gebracht und die ganze Zeit daneben gesessen hatte.

Als ich die behandschuhten Hände öffnete, in denen das Peeling verteilt war, und Mirko zögerlich seinen rechten Fuß in sie legte, schnellte er mit einem Aufschrei vom Stuhl hoch. Ich plumpste vor Schreck auf den Hintern.

„Ach so, dit hab ick vajessen“, quiekte Peggy vergnügt, „er is total kitzlig!“

Für den Rest der Sitzung rang der schüchterne Mirko auf dem Thron wortlos um Contenance; halb gluckste er, halb verbog er sich in Krämpfen. Peggy und ich kringelten uns vor Lachen.

„Wie habt ihr euch eigentlich kennengelernt?“, fragte ich acht Wochen später, als Peggy wieder auf dem Stuhl am Fenster saß und Mirko sich auf dem Thron krümmte.

„Mein Papa hat uns vakuppelt“, sagte Peggy. Er sei in demselben Restaurant, in dem Mirko als Koch gearbeitet habe, als Hausmeister angestellt gewesen. Als Peggy an jenem Abend bezahlte und den neuen Dreifachtermin klarmachte, hörten wir aus dem Eingangsbereich einen Laut des Entsetzens. Wir eilten zu Mirko, der wie angewurzelt vor dem Tischchen mit den Zeitungen stand. Er hielt die Augen weit aufgerissen und starrte Peggy an. Zwischen seinen Zähnen klemmte eine ausgewickelte Praline, die er der Glasschale entnommen hatte. Peggy ging auf Mirko zu, als wolle sie ihn küssen, saugte mit den Lippen die Praline aus Mirkos Mund und aß sie auf. Es war eine Schnapspraline. Mirkos bester Kumpel hatte sich 2011 zu Tode gesoffen. Daraufhin hatten bei Mirko die Alarmglocken geläutet. Den Führerschein hatte er da längst verloren wie die Arbeit und die Nägel seiner großen Zehen. Mirko rückte ins Krankenhaus ein, ein Alkoholentzug. Nachher hätte eine dreimonatige Kur folgen sollen,

Mirko aber lehnte ab, ging nach Hause und sagte zu Peggy: „Ick hab ja dich.“ Peggy sagte: „Ausruhen jibt’s nich.“ Sie durchforstete Stellenanzeigen, schrieb in Mirkos Namen Bewerbungen. Nach Jahren der Arbeitslosigkeit fand Mirko wieder eine Anstellung. Für eine Hausverwaltung modernisiert er Charlottenburger Gründerzeit-Wohnungen, tauscht Fenster aus, reißt Wände heraus, baut Bäder um.

Die Zurückgewinnung des Führerscheins nahmen Peggy und Mirko 2015 in Angriff. Alle zwölf Wochen musste Mirko eine Haarprobe abgeben. Die Haare durften nie kürzer als sechs Zentimeter sein. Peggy schnitt sie unter Zuhilfenahme eines Lineals. Mirko trat zu Gesprächen mit Psychologen, zu Beratungsterminen, zu Reaktionstests an. Eine langwierige und kostspielige Angelegenheit, von Peggy überwacht und bezahlt. Im Frühjahr 2017 wurde Mirko zur MPU zugelassen, zur Medizinisch-Psychologischen Untersuchung, auch Idiotentest genannt. Er ging hin. Er bestand. Leider konnten sie auf den Erfolg nicht anstoßen. Stattdessen kauften Peggy und Mirko einen zweiten Kleinwagen. Mirko geht nicht nur wieder einer Arbeit nach, er fährt auch wieder mit dem Auto dorthin.

Jeden Tag steht Mirko in aller Herrgottsfrühe mit Peggy auf und bringt sie zu ihrem Auto. Dazu nimmt er Struppi mit, der so zu seiner ersten Gassirunde kommt, eine Idee, die Peggy hatte. An manchen Tagen ruft Mirko Peggy während der Arbeitszeit fünfmal an. Er gehorcht ihr so sehr, dass er sich sogar zur Fußpflege begibt, obwohl er so kitzlig ist. Mirko ist seit 2011 trocken. Er lässt die Finger vom Alkohol. Er hat die Flasche durch Peggy ersetzt, obwohl oder weil Peggy alles andere als eine Flasche ist.

Sie arbeitet als Reinigungskraft in einem Gebäudekomplex des Stromanbieters Vattenfall. Ab vier Uhr morgens reinigt sie Büros, Kantinen, Werkstätten, Umkleiden. Sie ist Chefin einer siebenköpfigen Putzkolonne. Sie organisiert, koordiniert, delegiert. Sie leitet und lenkt und bestimmt. Sie bezieht Lust daraus. Sie ist bekennende Terminfetischistin, ein Energiebündel, eine Lachwurzen und auf eine Weise klug, die mich mehr beeindruckt als die Bildung jeder Einserabiturientin.

Ein Mittwoch im April. Peggy liefert Struppi im Hundesalon ab, kommt um 16.30 Uhr zu mir, bringt zwei Erdbeertörtchen mit, die wir verspeisen. Peggy bringt mir immer etwas mit, meistens schnelle Energiespender. Sie kümmert sich um mich wie um ihre Arbeitskollegen, ihre Kinder, ihren Hund, ihren Mann. Sie setzt sich auf den Thron, klärt per Smartphone den

Putzkolonnen-Dienstplan für die nächste Woche ab. Dann zeigt sie mir Fotos ihrer Wohnung. Mirko ist dabei, aus der WBS-70-Plattenbauwohnung mit dem langgezogenen Flur ein Schmuckstück zu zaubern, nach Peggys Anweisungen natürlich. Die Wand mit der Durchreiche hat er schon herausgerissen und aus Küche und Wohnzimmer eine Dreißig-Quadratmeter-Wohnküche mit Balkon gemacht. Als ich mit der allergietauglichen Spezialcreme, die sie in meinem Schrank deponiert hat, Peggys Füße massiere, trifft Mirko ein, gibt Peggy einen Kuss, zieht die saubere Hose an. Er hat die Scheu verloren und unterhält sich inzwischen mit mir, auch wenn er sich dabei auf dem Thron windet und verbiegt und die Füße verkrampft, worüber Peggy und ich uns wie immer schieflachen. Diesmal erzählt er, dass er sich zu DDR-Zeiten dafür interessiert hat, Berufssoldat der NVA zu werden. Die Wende kam ihm dazwischen. Mirko hat trotzdem die ideale Führungskraft gefunden. Peggy ist besser als jeder Kompaniefeldwebel.

Ich drehe die Lupenlampe beiseite, auf dass sie den Fußpflegeraum in ein gemütliches Schummerlicht taucht.

Peggy sitzt auf dem Stuhl am Fenster. Mirko sitzt auf dem Thron und lässt unter meinen festen Massagegrif-

fen endlich locker. Er sieht gut aus. Die Arbeit und der Alkoholverzicht haben ihm einen muskulösen Körper ohne ein Gramm Fett beschert. Peggy, Mirko und ich schwätzen. Die Ereignisse des Arbeitstages. Die Pläne für morgen. Ich frage Peggy, ob ich, da ich an ihren Füßen nie etwas zu tun habe, nicht wenigstens mal die Zehennägel lackieren soll.
„Dit macht mein Süßa“, sagt Peggy und lächelt Mirko an. Mirko nickt. Mirko grinst.
„Ick hab ne ruhige Hand“, sagt er.

Peggy kichert unter ihren roten Naturlocken hervor wie Pippi Langstrumpf. Als Nächstes baut Mirko das größte der ehemaligen Kinderzimmer zum Schlafzimmer um, mit Spiegeln an den Wänden und Baldachinbett.
Peggy zahlt; wir vereinbaren einen Dreifachtermin für Ende Mai und verabschieden uns. Ich begleite das Paar zur Tür, da kommt die nette Frau vom Hundesalon um die Ecke und bringt Struppi, der sich schwanzwedelnd über das Wiedersehen mit seinem Frauchen freut und sehr stolz auf seinen neuen Haarschnitt ist.
„Der hier is fertig“, sagt die nette Frau und weist auf Struppi.
„Der hier ooch“, sagt Peggy und weist auf Mirko, der ihr in den Hintern kneift. Mit einem zarten Neidgefühl schaue ich Peggy, Struppi und Mirko nach, die einander an imaginären, aber kunstvoll verwobenen Leinen in den Marzahner Feierabend führen.

Kurt Tucholsky

Ein Ehepaar erzählt einen Witz

„Herr Panter, wir haben gestern einen so reizenden Witz gehört, den müssen wir Ihnen ... also den muss ich Ihnen erzählen. Mein Mann kannte ihn schon... aber er ist zu reizend. Also passen Sie auf. Ein Mann, Walter, streu nicht den Tabak auf den Teppich, da! Streust ja den ganzen Tabak auf den Teppich, also ein Mann, nein, ein Wanderer verirrt sich im Gebirge. Also der geht im Gebirge und verirrt sich, in den Alpen. Was? In den Dolomiten, also nicht in den Alpen, ist ja ganz egal. Also er geht da durch die Nacht, und da sieht er ein Licht, und er geht grade auf das Licht zu ... lass mich doch erzählen! Das gehört dazu! ... geht drauf zu, und da ist eine Hütte, da wohnen zwei Bauersleute drin. Ein Bauer und eine Bauersfrau. Der Bauer ist alt, und sie ist jung und hübsch, ja, sie ist jung. Die liegen schon im Bett. Nein, die liegen noch nicht im Bett ..."

„Meine Frau kann keine Witze erzählen. Lass mich mal. Du kannst nachher sagen, ob's richtig war. Also nun werde ich Ihnen das mal erzählen. Also, ein Mann wandert durch die Dolomiten und verirrt sich. Da kommt er – du machst einen ganz verwirrt, so ist der

Witz gar nicht! Der Witz ist ganz anders. In den Dolomiten, so ist das! In den Dolomiten wohnt ein alter Bauer mit seiner jungen Frau. Und die haben gar nichts mehr zu essen; bis zum nächsten Markttag haben sie bloß noch eine Konservenbüchse mit Rindfleisch. Und die sparen sie sich auf. Und da kommt ... wieso? Das ist ganz richtig! Sei mal still ..., da kommt in der Nacht ein Wandersmann, also da klopft es an die Tür, das steht ein Mann, der hat sich verirrt, und der bittet um Nachtquartier. Nun haben die aber kein Quartier, das heißt, sie haben nur ein Bett, da schlafen sie zu zweit drin. Wie? Trude, das ist doch Unsinn ... Das kann sehr nett sein!" „Na, ich könnte das nicht. Immer da einen, der – im Schlaf strampelt ..., also ich könnte das nicht!"

„Sollst du ja auch gar nicht. Unterbrich mich nicht immer." „Du sagst doch, das wär nett. Ich finde das nicht nett." „Also ..." „Walter! Die Asche! Kannst du denn nicht den Aschenbecher nehmen?" „Also ... der Wanderer steht da nun in der Hütte, er trieft vor Regen, und er möchte doch da schlafen. Und da sagt ihm der Bauer, er kann ja in dem Bett schlafen, mit der Frau." „Nein, so war das nicht. Walter, du erzählst es ganz falsch! Dazwischen, zwischen ihm und der Frau – also der Wanderer in der Mitte!" „Meinetwegen in der

Mitte. Das ist doch ganz egal." „Das ist gar nicht egal ... der ganze Witz beruht ja darauf." „Der Witz beruht doch nicht darauf, wo der Mann schläft!" „Natürlich beruht er darauf! Wie soll denn Herr Panter den Witz so verstehen ... lass mich mal – ich werd ihn mal erzählen! – Also der Mann schläft, verstehen Sie, zwischen dem alten Bauer und seiner Frau. Und draußen gewittert es. Lass mich doch mal!"

„Sie erzählt ihn ganz falsch. Es gewittert erst gar nicht, sondern die schlafen friedlich ein. Plötzlich wacht der Bauer auf und sagt zu seiner Frau – Trude, geh mal ans Telefon, es klingelt. – Nein, also das sagt er natürlich nicht ... Der Bauer sagt zu seiner Frau ... Wer ist da? Wer ist am Telefon? Sag ihm, er soll später noch mal anrufen – jetzt haben wir keine Zeit! Ja. Nein. Ja. Häng ab! Häng doch ab!" „Hat er Ihnen den Witz schon zu Ende erzählt? Nein, noch nicht? Na, erzähl doch!" „Da sagt der Bauer: Ich muss mal raus, nach den Ziegen sehn – mir ist so, als hätten die sich losgemacht, und dann haben wir morgen keine Milch! Ich will mal sehen, ob die Stalltür auch gut zugeschlossen ist." „Walter, entschuldige, wenn ich unterbreche, aber Paul sagt, nachher kann er nicht anrufen, er ruft erst abends an."

„Gut, abends. Also der Bauer – nehmen Sie doch noch

ein bisschen Kaffee! – Also der Bauer geht raus, und kaum ist er rausgegangen, da stupst die junge Frau ..." „Ganz falsch. Total falsch. Doch nicht das erste Mal! Er geht raus, aber sie stupst erst beim dritten Mal – der Bauer geht nämlich dreimal raus – das fand ich so furchtbar komisch! Lass mich mal! Also der Bauer geht raus, nach der Ziege sehn, und die Ziege ist da, und er kommt wieder rein." „Falsch. Er bleibt ganz lange draußen. Inzwischen sagt die junge Frau zu dem Wanderer –" „Gar nichts sagt sie. Der Bauer kommt rein ..." „Erst kommt er nicht rein!" „Also ... der Bauer kommt rein, und wie er eine Weile schläft, da fährt er plötzlich aus dem Schlaf hoch und sagt: Ich muss doch noch mal nach der Ziege sehen – und geht wieder raus."

„Du hast ja ganz vergessen, zu erzählen, dass der Wanderer furchtbaren Hunger hat!" „Ja. Der Wanderer hat vorher beim Abendbrot gesagt, er hat so furchtbaren Hunger, und da haben die gesagt, ein bisschen Käse wäre noch da ..." „Und Milch!" „Und Milch, und es war auch noch etwas Fleischkonserve da, aber die könnten sie ihm nicht geben, weil die eben bis zum nächsten Markttag reichen muss. Und dann sind sie zu Bett gegangen." „Und wie nun der Bauer draußen ist, da stupst sie den, also da stupst die Frau den Wanderer in die Seite und sagt: Na ..." „Keine Spur! Aber keine Spur!

Walter, das ist doch falsch! Sie sagt doch nicht: Na ...!" „Natürlich sagt sie: Na ...! Was soll sie denn sagen?" „Sie sagt: Jetzt wäre so eine Gelegenheit ..." „Sie sagt im Gegenteil: Na ... und stupst den Wandersmann in die Seite ..." „Du verdirbst aber wirklich jeden Witz, Walter!"
„Das ist großartig! Ich verderbe jeden Witz? Du verdirbst jeden Witz – ich verderbe doch nicht jeden Witz! Da sagt die Frau ..." „Jetzt lass mich mal den Witz erzählen! Du verkorkst ja die Pointe ...!" „Also jetzt mach mich nicht böse, Trude! Wenn ich einen Witz anfange, will ich ihn auch zu Ende erzählen ..." „Du hast ihn ja gar nicht angefangen ... ich habe ihn angefangen!" – „Das ist ganz egal – jedenfalls will ich die Geschichte zu Ende erzählen; denn du kannst keine Geschichten erzählen, wenigstens nicht richtig!" – „Und ich erzähle eben meine Geschichten nach meiner Art und nicht nach deiner, und wenn es dir nicht passt, dann musst du eben nicht zuhören ...!" „Ich will auch gar nicht zuhören ... ich will sie zu Ende erzählen – und zwar so, dass Herr Panter einen Genuss von der Geschichte hat!" – „Wenn du vielleicht glaubst, dass es ein Genuss ist, dir zuzuhören ..." – „Trude!" – „Nun sagen Sie, Herr Panter – ist das auszuhalten! Und so nervös ist er schon die ganze Woche ... ich habe ..." –

„Du bist …“ – „Deine Unbeherrschtheit …“ – „Gleich wird sie sagen: Komplexe!
Deine Mutter nennt das einfach schlechte Erziehung …“ – „Meine Kinderstube …!“ – „Wer hat denn die Sache beim Anwalt rückgängig gemacht? Wer denn? Ich vielleicht? Du! Du hast gebeten, dass die Scheidung nicht …“ – „Lüge!“ – Bumm: Türgeknall rechts. Bumm: Türgeknall links. Jetzt sitze ich da mit dem halben Witz.
Was hat der Mann zu der jungen Bauersfrau gesagt?

Wladimir Kaminer

Die russische Braut

In den letzten zehn Jahren, die ich in Berlin verbrachte, habe ich viele russisch-deutsche Ehepaare kennengelernt und kann nun behaupten: Wenn es überhaupt ein universales Mittel gibt, das einen Mann von all seinen Problemen auf einen Schlag erlösen kann, dann ist es eine russische Braut. Kommt dir dein Leben langweilig vor? Bist du arbeitslos? Hast du Minderwertigkeitskomplexe oder Pickel? Beschaff dir eine russische Braut und bald wirst du dich selbst nicht mehr wiedererkennen. Erst einmal ist die Liebe zu einer Russin sehr romantisch, weil man viele Hindernisse überwinden muss, um sie zu bekommen. Man muss beispielsweise bei der Ausländerbehörde seine Einkommenserklärung einreichen, also beweisen, dass man sich eine russische Braut überhaupt leisten kann. Sonst bekommt die Frau keine Aufenthaltserlaubnis. Ein Bekannter von mir, der als BVG-Angestellter anscheinend nicht genug verdiente, um seine russische Geliebte heiraten zu dürfen, schrieb Dutzende von Briefen an Bundeskanzler Schröder und bombardierte außerdem das Auswärtige Amt mit

Beschwerden. Es war ein harter Kampf. Aber er hat sich gelohnt: Jetzt hat der Mann eine Braut und eine Gehaltserhöhung dazu.
Ich kenne daneben viele Deutsche, die sich nach einer langen Zeit der Arbeitslosigkeit und Depression ganz schnell einen Job besorgten und sogar erfolgreich Karriere machten, nur weil sie sich in eine Russin verliebt hatten. Sie hatten aber auch keine andere Wahl, weil die russischen Bräute sehr, sehr anspruchsvoll, um nicht zu sagen teuer sind. Sie wollen nicht nur selbst immer anständig aussehen, sie bestehen auch darauf, dass der Mann immer nach dem letzten Schrei gekleidet ist, sodass er sich laufend neue teure Sachen kaufen muss. „Ist das wirklich nötig?", fragen die Männer anfangs noch, aber dann fügen sie sich doch. Es muss eben alles stimmen. Zur Hochzeit will die russische Braut ein weißes Kleid, eine Kirche, ein Standesamt und anschließend ein gutes Restaurant mit möglichst vielen Gästen. Dann will sie sich voll dem Familienleben hingeben, aber gleichzeitig auch etwas Schönes studieren. Zum Beispiel Gesang an einer Privatschule. Das ist bei den russischen Bräuten sehr populär. Allein in Berlin kenne ich drei Frauen, die auf eine Gesangschule gehen, und das ist richtig teuer!

Die russische Braut ermutigt einen Mann, bringt neuen Sinn in sein Leben, beschützt ihn vor Feinden, wenn er welche hat, und hält immer zu ihm, auch wenn er Mist baut. Doch im täglichen Umgang mit ihr ist Vorsicht geboten. Sie braucht eine besondere Pflege und ist empfindsam.

Einen Konflikt mit ihr kann man leider nicht einfach mit einem Blumenstrauß beilegen. Es gehört etwas mehr dazu. Sollte es zu einer wirklichen Auseinandersetzung kommen, dann ist es am besten, schnell weg-

zulaufen. Im Zorn gleicht die russische Braut einem Tiger. Aus all dem folgt, dass es ganz wichtig ist, die Rechtsgrundlagen für die Existenz einer russischen Braut in der Bundesrepublik genau zu kennen. Die russische Redaktion des Senders SFB 4 „Radio Multi-Kulti“ widmet sich oft diesem Thema, unter anderem in ihrem Programm „Ratschläge eines Juristen“.

„Ich habe vor Kurzem einen jungen Deutschen geheiratet und bin zu ihm gezogen“, schreibt beispielsweise eine Russin aus Celle, „und nun habe ich eine Aufenthaltserlaubnis für drei Jahre von der deutschen Behörde bekommen. Wenn meinem Mann plötzlich etwas zustößt, zum Beispiel, wenn er bei einem Autounfall ums Leben kommt, wird mir dann mein Aufenthaltsrecht entzogen oder nicht?“ „Sehr geehrte Frau aus Celle“, antwortet der Jurist, „in diesem Fall wird Ihnen das Aufenthaltsrecht nicht entzogen, aber es wäre trotzdem besser, wenn Ihr Mann noch ein paar Jahre länger leben würde.“

Robert Seethaler

Ein ganzes Leben

Im Herbst wurde Egger von Ruhelosigkeit gepackt. Er sah nun endgültig die Zeit gekommen, um Maries Hand anzuhalten, aber immer noch hatte er keine Ahnung, wie er das anstellen sollte. Abends saß er auf seiner Türschwelle und gab sich diffusen Vorstellungen und Träumen hin. Natürlich, dachte er bei sich, konnte sein Antrag nicht einfach nur irgendein Antrag sein. Es musste einer sein, der gewissermaßen die Größe seiner Liebe in sich trug und sich für immer in Maries Gedächtnis und Herz einbrennen würde. Er dachte an etwas Schriftliches, doch schrieb er noch viel seltener, als er redete, also praktisch nie. Darüber hinaus gab seiner Meinung nach so ein Brief nicht gerade viel her. Wie sollten alle seine Gedanken und Gefühle in ihrer gesamten Fülle auf einen einzigen Zettel passen? Am liebsten hätte er seine Liebe in den Berg hineingeschrieben, riesengroß und weithin sichtbar für jedermann im Tal. Er erzählte seinem Kollegen Thomas Mattl, mit dem er am Rande der Waldschneise widerspenstige Wurzelstöcke aus der Erde riss, von dem Problem. Mattl war ein erfahrener Holzhauer und

einer der ältesten Mitarbeiter der Firma. Seit fast dreißig Jahren zog er mit wechselnden Trupps durch die Bergregionen, um im Namen des Fortschrittes die Wälder zu roden und Eisengerüste oder Betonpfeiler in den Boden zu pflanzen. Trotz seines Alters und der Schmerzen, die sich, wie er meinte, in seinem Kreuz festgebissen hatten wie in Rudel wütender Hunde, bewegte er sich im Unterholz leichtfüßig und behände. Vielleicht gebe es ja tatsächlich eine Möglichkeit, etwas in den Berg hineinzuschreiben, meinte Mattl und fuhr sich mit der Hand über sein bärtiges Gesicht, und zwar mit der Tinte des Teufels: dem Feuer. In seiner Jugend hatte er ein paar Sommer lang in nördlichen Regionen für den Brückenbau geholzt und dabei den alten Brauch der Herz-Jesu-Feuer miterlebt, bei dem zur Sonnenwende riesige Feuerbilder entzündet wurden und nachts den Berg erleuchteten. Wenn man mit Feuer malen könne, meinte er, so könne man damit auch schreiben. Zum Beispiel eine Art Antrag an diese Marie. Drei, vier Worte, mehr dürften es natürlich nicht sein, mehr wäre ja auch gar nicht machbar. *Willst du mich haben?* oder *Komm, süßes Herz* – irgendetwas, was die Weiber halt gerne hörten.
„So könnte es gehen“, setzte Mattl gedankenverloren hinzu. Dann griff er mit einer Hand hinter seinen Kopf

und holte ein dünnes Knospenästchen hervor, das sich in seinem Kragen verfangen hatte. Er biss hintereinander die kleinen, weißen Knospen ab und lutschte sie wie Karamellbonbons.

„Ja“, nickte Egger. „So könnte es gehen.“

Zwei Wochen darauf, am späten Nachmittag des ersten Oktobersonntags, stiegen siebzehn der zuverlässigsten Männer aus Eggers Trupp im Geröll oberhalb der Adlerkante herum, um unter Mattls heiser gebrüllten Anweisungen zweihundertfünfzig anderthalb Kilogramm schwere, mit Sägespänen gefüllte und mit Petroleum getränkte Leinensäckchen im Abstand von etwa zwei Metern entlang einer mit Hanfseilen vorgezeichneten Line auszulegen. Egger hatte die Männer einige Tage zuvor nach Feierabend im Kantinenzelt versammelt, um ihnen seine Pläne zu erläutern und sie zum Mitwirken zu überreden: „Ihr kriegt siebzig Groschen und einen Viertelliter Krauterer“, sagte er und ließ seinen Blick über die schmutzigen Gesichter der Männer schweifen. In den letzten Wochen hatte er sich das Geld vom Lohn abgespart, die Münzen in einer kleinen Kerzenkiste gesammelt und in einem Erdloch unter seiner Türschwelle deponiert.

„Wir wollen achtzig Groschen und einen halben Liter!“, sagte ein schwarzhaariger Maschinenschlos-

ser, der erst vor ein paar Wochen aus der Lombardei zur Firma gestoßen war und sich dank seines dampfkesselartigen Temperaments schnell eine gewisse Autorität im Trupp erarbeitet hatte.
„Neunzig Groschen und keinen Krauterer“, gab Egger zurück.
„Der Krauterer muss sein.“
„Sechzig Groschen und ein halber Liter.“
„Abgemacht!“, schrie der Schwarzhaarige und ließ zur Bekräftigung des Handels seine Faust auf den Tisch krachen.
Thomas Mattl saß die meiste Zeit über auf einem Felsvorsprung und kontrollierte die Bewegungen der Männer. Auf keinen Fall durften die Säckchen weiter als zwei Meter auseinanderliegen, da sonst Lücken im Schriftbild entstünden. „Die Liebe darf nicht an einem löchrigen Buchstaben vergehen, du Trottel!“, schrie er und schleuderte einen faustgroßen Stein in die Richtung eines jungen Gerüstbauers, dessen Abstände etwas zu groß geraten waren.
Pünktlich zum Sonnenuntergang waren alle Säcke ausgelegt. Die Nacht senkte sich über die Berge und Mattl kroch von seinem Felsen hinab zum ersten Säckchen des ersten Buchstabens. Er überblickte den Hang, wo sich die Männer gleichmäßig verteilt hatten. Dann

klopfte er sich den Staub von der Hose, kramte eine Schachtel Zündhölzer aus der Hosentasche und entzündete damit einen mit Petroleumfetzen umwickelten Stock, der vor ihm in der Erde steckte. Er nahm die Fackel, schwenkte sie über seinem Kopf und stieß den hellsten und lautesten Juchzer aus, den er in seinem Leben jemals zustande gebracht hatte. Fast gleichzeitig gingen auf dem Geröllfeld sechzehn Fackeln an und die Männer begannen, so schnell sie konnten, die Linien abzulaufen und die Säcke einen nach dem anderen zu entzünden. Mattl kicherte leise. Er dachte mit einem wohligen Gefühl an den Krauterer, der ihn erwartete, doch in seinem Nacken spürte er den kühlen Atem der Nacht, die sich immer tiefer über die Berge senkte.
Genau in diesem Moment legte unten im Tal Andreas Egger seinen Arm um Maries Schultern. Sie hatten sich zum Sonnenuntergang am Baumstumpf beim alten Steg verabredet und zu Eggers Erleichterung war sie pünktlich erschienen. Sie trug ein helles Leinenkleid und ihre Haare dufteten nach Seife, Heu und, wie Egger fand, auch ein bisschen nach Schweinebraten. Er hatte seine Jacke über den Baumstumpf gebreitet und ihr bedeutet, sich zu setzen. Er wolle ihr etwas zeigen, etwas, was sie womöglich nie wieder vergessen werde. „Etwas Schönes?“, fragte Marie. „Kann schon sein“,

sagte er. Sie setzten sich nebeneinander und sahen schweigend zu, wie die Sonne hinter den Bergen verschwand. Egger hörte sein eigenes Herz pochen. Für einen Moment kam es ihm vor, als schlüge es nicht in seiner Brust, sondern in dem Baumstumpf unter ihm, so als ob das modrige Holz zu neuem Leben erwacht wäre. Dann hörten sie aus weiter Entfernung Thomas Mattls Juchzer und Egger zeigte in die Dunkelheit. „Schau", sagte er. Eine Sekunde darauf glommen hoch oben an der anderen Talseite sechzehn Lichter auf und bewegten sich wie ein Schwarm Glühwürmchen in alle Richtungen. Auf ihrem Weg schienen die Lichter glühende Tropfen zu verlieren, die sich nacheinander zu geschwungenen Linien vereinten. Egger fühlte Maries Körper neben sich. Er legte seinen Arm um ihre Schultern und hörte sie leise atmen. Drüben schwangen sich die glühenden Linien in immer weiteren Bögen über den Hang oder schlossen sich zu rundlichen Gebilden zusammen. Ganz am Ende leuchteten oben links zwei Punkte auf und Egger wusste, dass der alte Mattl ganz persönlich übers Geröll gekrochen war und die letzten beiden Petroleumsäckchen entzündet hatte. FÜR DICH, MARIE stand in flackernden Buchstaben in den Berg geschrieben, riesengroß und weithin sichtbar für jedermann im Tal. Das „M" stand ziemlich schief, außerdem fehlte ein Stück, so dass es aussah, als hätte es jemand in der Mitte auseinandergerissen. Offenbar hatten sich mindestens zwei der Säcke nicht entzündet oder waren gar nicht erst aufgelegt worden. Egger atmete einmal tief ein, dann drehte er sich zu Marie und bemühte sich, in der Dunkelheit ihr Gesicht zu erkennen. „Willst du meine Frau werden?“, fragte er.

„Ja“, flüsterte sie so leise, dass er nicht sicher war, ob er sie auch richtig verstanden hatte. „Willst du das werden, Marie?“, fragte er noch einmal.

„Ja, das will ich“, sagte sie mit fester Stimme und Egger hatte das Gefühl, als müsste er im nächsten Moment einfach nach hinten vom Baumstumpf kippen. Aber er blieb sitzen. Sie umarmten sich, und als sie voneinander abließen, waren die Feuer am Berg verloschen.

Regine Kölpin

Die verschwundene Hochzeitstorte

Es klingelte Sturm und Mina Mayer schlurfte zur Tür. Vor ihr stand ein Mann mit einem riesigen Karton.
„Für mich?“, fragte Mina erstaunt.
Oje, da hatte ihr Karl wieder mal online bestellt. Sein neustes Hobby, weil er es bequem fand, einfach einen Knopf zu drücken, und schwups kam einen Tag später die Post. Mina seufzte, denn sie konnte immer hinterher zusehen, wie sie die Kartons im Altpapier entsorgte.
„Ja, wenn Sie Mayer heißen, ist die Lieferung wohl richtig.“ Er schaute noch einmal auf seinen Zettel. „M. Mayer. Ich muss dann auch schnell wieder los! Herzlichen Glückwunsch an das glückliche Paar.“ Der Bote stellte das Paket vor Mina ab und huschte davon. Entgeistert schaute sie ihm nach.
Welches Paar? Meinte er etwa sie und Karl? Mit ihrem Mann war Mina schon fast 50 Jahre verheiratet... hatte er an den morgigen Hochzeitstag gedacht und eigens eine Überraschung bestellt? Mal was Vernünftiges und nicht irgendwelche Eisenbahnschienen oder Schrauben?

Oder einen neuen Wischmopp, weil er eine kräftige Farbe wollte?
„Karl?“, rief Mina.
„Was gibt's?“
„Wir haben hier was bekommen. Hast du etwas bestellt?
Online?“
Karl blickte genauso ratlos drein wie Mina und ihre Hoffnung auf ein Präsent zum Hochzeitstag sank. Gemeinsam trugen sie das Paket ins Wohnzimmer. Es war zwar groß, aber beileibe nicht schwer.
„Dann lass uns mal reinsehen“, sagte Karl. „Was auch immer es ist.“
„Soll für ein Paar sein“, erwiderte Mina. „Hat der Überbringer gesagt.“
Sie entfernte den Deckel vorsichtig und staunte nicht schlecht. „Das ist ja eine Hochzeitstorte“, entfuhr es ihr.
Vor Mina und Karl stand ein Traum aus heller Creme, verziert mit rosa, blauen und roten Röschen. Oben tanzte ein glückliches Brautpaar, von weißen Täubchen umschwirrt.
Genauso eine hätte ich zu unserer Hochzeit gern gehabt, schoss es Mina durch den Kopf. Damals war an so etwas gar nicht zu denken und sie hatten mit

einfachem Apfelkuchen vorliebnehmen müssen. War es ein Wink des Schicksals, dass jemand ihren damaligen Herzenswunsch einfach vor die Tür gestellt hatte?
„Bist du dir sicher, dass es ein Paketbote gebracht hat?“, fragte Karl. „So etwas verschickt man ja nicht mit der Post.“
Mina zuckte mit den Schultern. Ein Bote eben. Sie konnte nicht anders, als mit dem kleinen Finger vorsichtig etwas von der so wunderbar anmutenden Creme zu naschen. Mina schloss die Augen, als sie der Süße nachspürte. So etwas Leckeres hatte sie noch nie gegessen.
„Ich muss das auch probieren.“ Karls Finger fuhr ebenfalls durch die untere Cremeschicht.
So schleckten sich die beiden durch die drei Stockwerke der Torte.
„Sie schmecken alle unterschiedlich“, sagte Mina. „Und jede Schicht für sich so wunderbar.“
Die oberste Ebene hatte einen zitronigen Geschmack, die zweite punktete mit süßer Vanillecreme und ganz unten ließ ein Traum von Schokolade Zunge und Gaumen Polka tanzen.
„Wollen wir nicht ein paar Stücke abschneiden?“, schlug Karl vor. „Ich würde so furchtbar gern von dem Teig kosten und jedes Stück in Gänze genießen.“

Der Satz katapultierte Mina in die Wirklichkeit zurück.
„Was haben wir getan? Die Torte gehört uns nicht und irgendwo weint sich eine Braut jetzt die Augen aus, weil die Torte nicht angekommen ist.“
Karl nickte. „Wir haben leider schon ganz schön was kaputt gemacht.“
„Das kriege ich wieder hin“, versprach Mina.
„Du hast dir bei unserer Hochzeit eine solche Torte gewünscht, nun ist sie hergekommen – warum auch immer – und wir müssen sie stehen lassen. Was machen wir denn damit?“
„Wir finden das Brautpaar“, beschied Mina. „Wenn ich den Schaden in Ordnung gebracht habe.“
Sie machte sich mit einem Messer daran, die Blessuren in der Cremeschicht zu glätten. Am Ende sah das Ergebnis ganz passabel aus.
„Steht auf dem Karton eine Adresse?“, fragte Mina, als sie mit dem Ergebnis zufrieden war und die Torte erneut unter dem Deckel verschwand.
„Da ist nichts zu finden“, sagte Karl, nachdem er den Karton eingehend untersucht hatte.
Mina seufzte. „Dann gibt es nur einen Weg: Hol die Zeitung aus dem Altpapier, wir müssen die Anzeigen durchgehen, wer heute heiratet.“

„Was auch immer du dort finden möchtest“, meinte Karl, tat aber wie ihm geheißen, und kam kurz darauf mit der Tageszeitung zurück. Mina schlug die entsprechenden Seiten auf und lächelte triumphierend. „Das müssen sie sein.“

„Warum? Was macht dich so sicher?“, fragte Karl.

„Es ist das einzige Brautpaar, das ebenfalls Mayer heißt, nur wohnen sie nicht wie wir in der Sonnen-, sondern in der Mondgasse. Da hat wohl einer geschlafen oder sich wegen des frühen Morgens für die Sonne entschieden, als er die Bestellung aufgenommen hat. Auf geht's!“

Karl schaute zwar skeptisch, aber er hatte auch keine Idee, was sie sonst tun sollten, außer mit dem Hochzeitspaar Kontakt aufzunehmen.

„Jetzt weißt du, wo sie wohnen, aber nicht, wo sie feiern“, gab er zu bedenken.

„Wahrscheinlich zu Hause, sonst wäre die Torte ja woandershin geliefert worden.“

„Sie ist woandershin geliefert worden“, meinte Karl. „Nämlich zu uns.“

Mina zuckte mit den Schultern. „Nur findet hier keine Feier statt. Wir machen uns sofort auf den Weg und zaubern der Braut ein Strahlen ins Gesicht.“

„Bis zur Mondgasse sind es mindestens zwei Kilometer

und hoffentlich ist es dann auch wirklich das richtige Brautpaar."

„Es steht keine Telefonnummer in der Anzeige, ein Taxi ist zu teuer, also los, wir haben nur diese eine Chance.

Ich fühle in meinem kleinen Zeh, dass wir richtigliegen."

Karl blieb weiter pessimistisch. „Wie sollen wir die Torte so weit tragen? Zwar ist sie nicht besonders schwer, aber doch unhandlich."

Mina grinste. „Es gibt Schubkarren."

Mit dieser Antwort fehlten ihrem Mann sämtliche Gegenargumente.

Widerstrebend ging er zum Schuppen und säuberte das Gefährt. Als das geschafft war, bugsierten sie den Karton gemeinsam in die Schubkarre.

„Das Brautpaar wird außer sich vor Freude sein, dass die Torte doch noch kommt." Mina war glücklich, weil sie bestimmt zu einem gelungenen Fest beitragen konnte.

Diese Braut würde nicht ihr Lebtag darüber traurig sein, dass die Torte fehlte.

Sie zogen los. Weil die Sonne vom Himmel brannte, hatte Mina einen Schirm aufgespannt, den sie über den Karton hielt, damit die kostbare Fracht keinen weite-

ren Schaden nahm. Einmal kam Karl vom Gehweg ab und die Torte geriet erheblich ins Schwanken. Mina fing sie gerade noch mit dem Schirm ab.
„Du musst vorsichtiger sein!“, mahnte sie ihren Mann.
Nach einer halben Stunde hatten sie die Mondgasse erreicht. Der Hauseingang war mit einem Bogen aus Tannengrün geschmückt, an dem sich etliche bunte Papierblumen befanden. Luftballons zierten den Zaun der Auffahrt, und aus dem Garten klang laute Musik.
„Wir sind richtig!“, sagte Mina erfreut. Beherzt klingelte sie.
Eine junge Frau in blauem Cocktailkleid öffnete.
„Wen darf ich melden?“ Sie schaute konsterniert zur Schubkarre.
„Die Hochzeitstorte!“, antwortete Mina.
Über das Gesicht der Frau glitt erst ein erleichtertes Strahlen und ihr entfuhr ein: „Endlich, Nadja und Ben warten schon darauf.“ Aber dann versteinerte sich ihr Blick. „Warum liefert die Konditorei mit einer Schubkarre aus? Haben Sie keine Lieferwagen?“
„Das ist jetzt kompliziert. Wir würden diese leckere Fracht nur gern loswerden.“
Die Frau zeigte zum Gartentor. „Am besten da lang.“
Mina öffnete Karl und sie schoben die Karre zu den Feiernden.

„Meine Torte!“, kreischte die Braut, als sie erkannte, was sich auf sie zubewegte.
„Ich habe schon dreimal in der Konditorei angerufen. Sie haben dort behauptet, sie hätten längst ausgeliefert …“
„Haben sie auch, nur falsch!“, sagte Mina.
Es dauerte etwas, ehe sie alles geklärt hatten.
„Sie haben dann die Torte durch die halbe Stadt zu uns gebracht?“, fragte der Bräutigam.
„Ja, wir haben kein Auto, ein Taxi war zu teuer, und mit dem Bus hätte es noch länger gedauert.“ Mina zuckte bedauernd die Achseln. „Der fährt ja nicht so oft.“
„Sie beide haben meine Frau so glücklich gemacht“, sagte Ben. „Nadja hat es schon als schlechtes Omen für unsere Ehe gesehen, weil ihre Traumtorte nicht da war.“
Mina strich der Braut über den Arm. „Ich habe mir immer eine solche Torte gewünscht. Zwar habe ich sie nicht bekommen, aber meine Ehe ist trotzdem glücklich geworden. An Torten liegt so etwas nicht.“ Sie zwinkerte ihr zu. „Aber es schadet auch nicht, wenn man sie hat.“
„Wollen Sie mit uns feiern und jetzt davon kosten?“, fragte Nadja. „Es wäre uns eine Ehre.“ Nun zwinkerte

sie. „Wir schneiden sie gemeinsam an, okay?“
Mina pochte das Herz. Karl nickte unmerklich.
„Gut, jeder ein Stück. Quasi als Finderlohn“, beschieden sie unisono.
Aus dem einen Stück wurden drei, schließlich mussten sie jede Etage probieren. Dann machten sie sich auf den Heimweg.
„Wäre dir die Torte wirklich so wichtig gewesen?“, fragte Karl.
„Damals habe ich mir nichts sehnlicher gewünscht, aber das waren eben andere Zeiten. Und ich habe ja dich bekommen.“
Karl drückte Minas Hand. „Morgen haben wir Hochzeitstag. Du wirst deine Torte erhalten! Es ist nie zu spät dafür, Wünsche zu erfüllen.“
Minas Herz klopfte. „Wir können ja eine klei-

nere Variante wählen, nur für uns. Nicht, dass wir den Rest wegschmeißen müssen."

„So machen wir das!"

Karl zog Mina in die nächste Konditorei und gab seine Bestellung auf.

Mina nahm Karl in den Arm. „Danke!"

„Es wurde schließlich langsam Zeit." Karl griff nach der Schubkarre. „Wir kriegen ja alles hin. Manchmal braucht es eben eine Weile."

Mina lächelte. „Nadja und Ben schaffen das auch. Immerhin hatten sie uns zweimal als Hilfe. Als Hochzeitstortenretter und beim Anschneiden, da kann nichts mehr schiefgehen."

Käthe Lachmann

Schnarch noch einmal, Schatz!

Seit Kurzem hängt bei uns der Haussegen ein wenig schief. Es geht ums Schnarchen. Also, um so richtiges, kräftiges, unüberhörbares Schnarchen.
Mein Mann versteht mich da leider überhaupt nicht. Fast jede Nacht werde ich von seinem lauten Rasseln aufgeweckt oder ich schlafe erst gar nicht ein neben ihm – und ich finde es herrlich! Ich genieße das unheimlich! In der ersten Nacht, damals, nachdem ich ihn kennengelernt hatte, habe ich mich so gefreut: Endlich wieder einer, der schnarcht!
Das gibt es ja kaum noch. Die meisten Männer haben sich das Schnarchen vollkommen abgewöhnt. Immer mehr von ihnen gehen zum Arzt, um ihre Ehe zu retten. Weil die Frauen das Geschnarche nicht aushalten. Das muss man sich mal vorstellen! Ich verstehe das nicht: Wo du hinguckst – getrennte Schlafzimmer. Weil die Herren sich denken: „Besser getrennte Schlafzimmer als eine getrennte Ehe“. Viele Männer probieren sogar, im Stehen zu schlafen, oder sie trauen sich gar nicht mehr zu schlafen, weil sie so große Angst davor haben, zu schnarchen! Die sind richtig traumatisiert!

Mir ist das ein völliges Rätsel – ich verstehe die Frauen absolut nicht. Ich höre das richtig gern. Das ist doch ein Zeichen für Männlichkeit, wenn ein Kerl nachts mehrere Festmeter zersägt. Das macht einen Mann doch aus! Es unterscheidet ihn von uns Frauen! Ich fühle mich so geborgen neben einem sägenden Mann. Dieses archaische, urtypisch männliche Geräusch ist nicht nur erotisch, sondern gleichzeitig auch beruhigend, finde ich.
Manchmal stell ich mir sogar extra den Wecker mitten in der Nacht, damit ich meinen Mann schnarchen höre. Das Doofe ist nämlich, dass ich meist vor ihm einschlafe. Da bin ich eben eine typische Frau. Er liegt und grübelt und wälzt sich und ich, ich brauche mich nur hinzulegen und – zack! – bin ich weg. Und dann höre ich sein Schnarchen leider nicht. Das ist so schade! Ich habe es unlängst einmal mit meinem Handy aufgenommen. So kann ich es mir anhören, wenn er mal wieder auf Geschäftsreise ist.
Außerdem ist die Schnarcherei ja auch im Sommer super! Wir haben immer das Fenster geöffnet zum Schlafen, gerade wenn es heiß ist. Und wir brauchen keine Mückengitter! So eine Mücke ist ja total leicht, die kommt gegen die Schallwellen nicht an. Die wird regelrecht aus dem Schlafzimmer rausgeschnarcht.

Wenn mein Mann neben mir liegt, werden wir nicht gestochen. Und das ist ja nun die biologischste Art der Mückenbekämpfung! Ohne Nebenwirkungen!
Außerdem traut sich natürlich kein Einbrecher bei uns rein, denn das klingt schon nach was Größerem, nach einem Bären oder einer ganzen Fußballmannschaft. Mein Mann ist sicherer als irgendeine Alarmanlage!
Und wenn er einen über den Durst getrunken hat, schnarcht er ja sogar noch viel lauter. Das ist so herrlich! Davon wache ich dann sogar auf. Ich bettele abends immer: „Trink doch noch sechs, acht Bierchen, Schatz. Oder zwölf Kurze. Oder beides." Und wenn er dann so richtig die Lampen an hat, dann vibriert das ganze Haus, man schaukelt richtig mit im Bett. Das ist mir auch so vertraut, das Geräusch, schon von Kindesbeinen an, denn mein Vater schnarchte ja auch so wunderschön.
Ich habe als Kind im Schwäbischen ein, zwei Erdbeben erlebt. Und bin mir bis heute nicht sicher, ob das nicht doch vielleicht mein Vater war, damals.
Was da rauskommen kann aus einem eigentlich ganz sportlichen Mann ... Beneidenswert!
Aber, ich muss gestehen: Mein Mann ist mir ja fast zu sportlich. So ein Bierbauch würde das Geschnarche ja noch mehr verstärken. Ich koche schon immer extra

fett, damit er noch ein bisschen zunimmt. So was wie Schweinebraten im Buttermantel mit Sahnesoße und Knoblauchöl und frittierte Schokoriegel mit Frischkäse. Aber seit Neuestem langt er da nicht mehr so gerne zu. Und jetzt kommen wir auch zu unserem Konflikt: Er möchte nicht mehr schnarchen! Neuerdings geht er sogar joggen! Das ist so gemein und es macht mich ganz traurig und wütend. Irgendwo hat er gelesen, schnarchen soll gar nicht so gesund sein; und jetzt will er sich dagegen behandeln lassen!
Er hat auch schon mit jemandem gesprochen, hinterm Hauptbahnhof. Der will ihm für 50 Euro das Gaumensegel versteifen. Für 50 Euro! So viel kostet doch schon allein die Vollnarkose ... Gut, die braucht man da vielleicht gar nicht, man geht einmal durch die Bahnhof-Unterführung, dann ist man schon narkotisiert genug. Wir hatten schon endlose Diskussionen deswegen. Ich erklärte ihm, dass doch schon so viele Menschen mit jahrzehntelangem, heftigem Schnarchen sehr alt geworden sind, er braucht daran nichts zu ändern. Schließlich liebe ich ihn auch gerade, weil er schnarcht! Ich möchte wirklich nicht, dass er damit aufhört!
Interessant finde ich übrigens, dass verschiedene Nationalitäten ganz unterschiedlich schnarchen. Meine Freundin Sabine ist mit einem Italiener verheiratet. Der

schnarcht richtig heißblütig, etwa so: „CHROOAR, CHROOAR“.
Ganz früher war ich einmal mit einem Franzosen zusammen, da klang das geradezu melancholisch und nach Baguette unterm Arm: „noredschuwolöw-hui“.
Schon damals in der Schule auf Studienfahrt nach Südtirol fand ich es toll, als ich mit dem einheimischen Siegfried drei Nächte verbracht habe. Bei dem klang das richtig kernig-ländlich: „IIIIH-AAAAH, IIIIH-AAAH!“ Aber der war auch im Blechbläserensemble. Wie stand ich auf den Sound!
Mein Schatz aber hat sich jetzt eine App für das iPhone gekauft, mit der er seine nächtlichen Geräusche aufzeichnen kann. Und er war richtig erschrocken, weil der Pegel schon so im roten Bereich war, dass er Angst hatte, sein Telefon explodiert.
Er will das so schnell wie möglich beheben, ja, er spricht tatsächlich von einem „Schnarchproblem“!
Was soll ich denn jetzt machen? Ich höre das so unendlich gern! Wenn er nicht mehr schnarcht, ist das nicht mehr der Mann, in den ich mich einmal verliebt habe. Er schläft neuerdings sogar mit Nasenklammer! Das muss man sich mal vorstellen! Das ist, als würde er mit Lockenwicklern ins Bett gehen!
Und wissen Sie, was das Beste ist? Neulich sagte er zu

mir: „Liebling – du schnarchst!“
Ich!
Und ihn würde das stören, sagte er. Ich solle mitkommen, hinter den Hauptbahnhof. Er könne nicht schlafen, weil ich zu laut schnarche! Also, das ist ja wohl wirklich unverschämt.
Aber den Teufel werde ich tun und versuchen, mein Schnarchen abzustellen, sollte ich es denn wirklich tun. Im Gegenteil: Wenn er schon nicht mehr schnarchen möchte, dann werde ich eben versuchen, mein eigenes Schnarchen so zu kultivieren, dass ich davon aufwache und es hören kann. Und wenn das nicht klappt, dann nehme ich mich eben nachts auf und höre mir die Aufnahmen davon zum (nicht) Einschlafen an und stelle mir vor, es wäre er.
Oder ich muss noch mal nach Südtirol …

Renate Bergmann

Man muss sich nur trauen

„Tüll, Träume & Torten“ hieß die Messe, auf die wir gingen. Ich hatte keine großen Erwartungen und dachte, wir würden ein bisschen rumbummeln, dies und das anschauen und uns vielleicht noch ein paar Ideen holen. Gertrud dachte genauso. Gunter hatten wir nicht gefragt, wir waren froh, dass er ohne zu murren mitkam. Es war tatsächlich eine Mischung aus Modenschau, Zirkus und Tortenausstellung, dazu gab es ganz viel Musik und süßlichen Parfümgeruch. Aber lassen Sie mich der Reihe nach berichten.
Es sah ganz anders aus als bei der „Grünen Woche“, und es roch auch nicht so nach Kuh und Ferkel. Nur ein bisschen nach Pferd, vorn am Eingang, wo die mit ihren Kutschen standen und für sich Werbung machten. Da hörte man schon ständig „Ohhh, guck mal, eine Kutsche! Ich will unbedingt in einer Kutsche fahren!“, und noch bevor die in die Messehalle gingen, war bei manchen das Büdschee schon ausgegeben, denn ein Kutscher mit Vierspänner kostet sein Geld, erst recht, wenn der Fiaker weiß und gülden ist.
Große Güte, wir kamen aus dem Staunen gar nicht

mehr raus! Hunderte Aussteller waren da, und man glaubt nicht, wer sich da alles tummelte. Es gab bei weitem nicht nur Modeboutiquen, die alles nachgeschneidert feilboten, was Herzogin Kät je getragen hat, sondern auch Juweliere, Tortenbäcker, Sänger, ganze Musikkapellen und unendlich viele Leute, die Dekorationsgetüddel zur Schau stellten, von dem ich nicht wusste, wozu es gut war.
Wir waren kaum durch die Kartenkontrolle und hatten noch nicht mal einen richtigen Überblick, wie das alles langgeht auf dieser Messe, da stürmte schon eine junge Frau auf uns zu. Sehr hübsch war sie, ausgesprochen schöne Wangenknochen, dezent geschminkt, Hosenanzug, nicht zu hohe Schuhe – na, die wusste, dass sie da den ganzen Tag auf der Messe würde stehen müssen, und hatte nicht die mit den Pfennigabsätzen angezogen! So eine Messe ist ja auch für die Aussteller anstrengend. Die stehen da den ganzen Tag rum und tun so, als wären sie hoch erfreut, dabei haben sie Blasen an den Füßen, müssen vom vielen Kaffee sauer aufstoßen und sind mit den Nerven schon ganz runter, weil sie jedem das Gleiche erzählen müssen. Deshalb gingen wir gleich am ersten Tag hin, da waren die vielleicht noch etwas motivierter und würden nicht gleich „FASSEN SIE DAS NICHT AN!" brüllen.

Die Hübsche drückte uns gleich Visitenkärtchen in die Hände, wir hatten gar keine Schangse, Nein zu sagen. Auf der Karte flatterten viele kleine weiße Täubchen, und zwei rosa Schwäne hatten ihre Hälse verknotet. Perlmuttglanz schimmerte und wenn man das Kärtchen bewegte, flimmerte noch Glitzerstaub, der bestimmt in der Tasche abblätterte.
„Saskia-Valerie Tausendschön, Zeremonienmeisterin" stand mit goldener Schnörkelschrift auf dem Visitenkärtchen, und dann noch die Adresse und Telefonnummer und die I-Mehl, aber das tippe ich jetzt nicht, wegen Datenschutz. Hihi.
Wir werden da gar nichts finden, geben Se sich gar keine Mühe.
Hier! Aufpassen! Weiterlesen!
„Das ist sehr nett, junges Fräulein", sagte Gertrud, „aber wir brauchen keine Hochzeitsplanerin. Wir machen das alles alleine. Wir wollen uns nur mal ein bisschen umgucken."
Hochzeitsplaner sind eine Truppe für sich, da muss man Obacht geben und die Taschen zuhalten. So eine ist mir mal unter die Augen gekommen, als ich bei Franz' Nichte zur Feier eingeladen war. Die murmelte was von Gastgeschenken und dass das Brautpaar jedem Gast eine Flasche Champagner mitgibt zur Erin-

nerung, mit den Initialen und einem Foto vom Brautpaar auf dem Etikett. So weit kommt's noch! Als ich das letzte Mal geheiratet habe, war es noch so, dass das Brautpaar die Geschenke kriegte und nicht machte. So ein Quatsch kam gar nicht infrage, man muss nicht jeden Blödsinn mitmachen. Höchstens, dass man vielleicht jedem Gast ein Glas von Ilses Mehrfruchtmarmelade mitgab? Wissen Sie, Ilse kocht die Pampe aus allem, was Kurt aus dem Garten bringt. Sie ist schnittfest, bibbert wie Wackelpudding und schmeckt undefinierbar. Ilse freut sich immer, wenn jemand was von der Marmelade abnimmt, und ich verschenke sie auch gern weiter, weil ich dann vom Essen befreit bin. Was weg ist, ist weg, das kann sie mir nicht mehr in die Küche stellen. Das war eine Überlegung wert! Hochzeitsplaner nehmen sich auch immer viel zu wichtig. Ein Jahr vorher fangen die an zu planen, ich bitte Sie, ich bin auch für Gründlichkeit, aber man muss es ja nicht übertreiben. Eine Hochzeit ist doch kein Hausbau! Wobei man von den Kosten her aufs Gleiche rauskommt, wenn man nicht aufpasst. Da muss man achtgeben, sonst spinnen die und drehen völlig durch. Es entgleitet, wenn man so einer Hochzeitsplanerin mit Knödel auf dem Kopf da nicht ganz enge Grenzen setzt. Dann fängt die an, ein Motto vorzugeben, zum

Beispiel! Meine Güte, nee, es ist eine Hochzeit und kein Faschingsball. Die spinnen. Es geht ja immer so los, dass erst alle ganz klein heiraten wollen, aber dann kommt eine Hochzeitsplanerin und bestellt einen extra Di-Dschee für die Kinder, einen Showkoch, der flambiert, und einen Zauberkünstler. Nee, nee, nee. Nicht mit uns! Eine Hochzeit ist kein Wettkampf um Tüll und Pomp.

Gertrud gab dem Tausendschönchen ihr Kärtchen zurück, aber es war schon so viel Flimmer abgeplatzt, dass ich ihr den Ärmel abbürsten musste. Sie sah aus, als hätte sie den Weihnachtsbaum abgeschmückt. Da hat man ja auch immer das Glitzer hängen, und außerdem setzt sich das Zeug so im Teppich fest, dass man trotz gründlichster Reinigung bis Ostern hin was beim Staubsaugen aus den Tiefen der Auslegeware holt.

Unsere Zaubermeisterin … Zeremonienmeisterin widersprach entschieden:

„Ich bin keine Hochzeitsplanerin. Ich bin Zeremonienmeisterin! Das ist ganz was anderes." Sie holte tief Luft, und man konnte sehen, dass sie nur mit Mühe nicht mit den Augen rollte ob unserer laienhaften Unwissenheit.

„Eine Zeremonienmeisterin ist am Tag der Hochzeit für Sie da und kümmert sich im Hintergrund um alles.

Sie zieht die Fäden und hält Ihnen den Rücken frei. Eine Weddingplanerin hingegen kümmert sich um die ganze Konzeption und Organisation."
Nun schaltete sich Gunter ein. „Kommt, Frauen, weiter", sagte er kurz und knapp, bevor auch er ihr sein Kärtchen zurückgab. „Die steht nur im Weg rum und will dafür noch Geld. Und mitessen will die auch, das kommt gar nicht infrage. Kommt, weiter!"
Gertrud lächelte höflich zum Abschied, und wir ließen die Frau Zaubertausendschön einfach so stehen. Das war vielleicht unhöflich, aber wir konnten uns auch nicht ewig mit jedem Quatsch aufhalten.
Wissen Se, wir hatten selber ganz viele Ideen und schon etliche Details geplant. Ich hatte im Kopf, wie es ablaufen soll, da brauchten wir keine Zeremonienmeisterin. So ein Blödsinn. Wenn die nun Frau Schlode vom Singen abhalten würde, dann wäre es eine Überlegung wert, aber so? Wir brauchten einen Zeremonienmeister so dringend wie einen Zirkusdirektor!
Erst mal gingen wir auf die Toilette und wuschen uns den Flimmer von den Händen. Danach guckten wir weiter.
Ein ganz großer Schlager in dieser Saison waren haselnussfarbene Trauringe. Bisher gab es nur Gelbgold, Weißgold und Rotgold, aber nun sollte haselnussfarbe-

nes Gold der Knüller sein. Jeder will ja individuell und einzigartig daherkommen dieser Tage, deshalb versprach der Goldschmied, dass innen im Ring der Fingerabdruck des Trägers mit aufgebracht werden könnte. Die Technik macht das heute möglich. Auch dass die Paare die Ringe selber schmieden. Das warf ja alles mehr Fragen auf, als es beantwortete. Ich bitte Sie, unsereins hat immer ein Tuch über der Schulter und wisch sofort über den Küchenschrank, wenn da Fingertapsen sind, und auf den Ehering sollen nun absichtlich welche drauf? Das ist doch nicht durchdacht! Bestimmt wieder so was für die Jüngeren, die ständig eine Extrawurst brauchen. Und was sollte das überhaupt bedeuten, dass die Eheleute ihre Ringe selber schmieden sollen? Gunter kann, wenn es hochkommt, Bratkartoffeln und Kaffee kochen, sonst lässt der die Finger vom Herd. Und Gertrud hat zur Sicherheit auch Elektroplatten und keinen Gasherd. „Messer, Gabel, Schere, Licht, …“ – das sagt man zu kleinen Kindern, aber unter uns: Auch wir Älteren sollten Gefahrenquellen meiden! Mich störte es außerdem, dass die Kundschaft nun auch noch die Arbeit machen soll. So ein Ring kostet wirklich viel Geld, da kann man doch wohl erwarten, dass man den vom Juwelier geschmiedet kriegt. Das kann man doch wohl wirklich

voraussetzen bei diesen gepfefferten Preisen. Aber so ist das heute, sie verkaufen den Menschen ihre eigene Arbeit als Abenteuer und lassen sie dafür bezahlen. Überlegen Se mal, man kann sogar das Erlebnis „Flugzeug steuern“ oder „Trecker fahren“ kaufen und verschenken. Soweit ich weiß, verdienen Piloten nicht schlecht, und nun sollen die Fluggäste dafür bezahlen, dass sie das selbst machen? Die spinnen doch! Nicht anders ist das mit dem Ringschmieden, wenn Se mich fragen. Ich schüttelte nur zweifelnd den Kopf und guckte zu Gunter und Gertrud. Gunter hatte da keinerlei Ambitionen und Gertrud winkte zu meiner Erleichterung auch ab. Wissen Se, der Gunter hat ein bisschen Arthritis in den Fingern und schon Probleme, sich die Kartoffeln selbst zu quetschen. Da möchte man ihm kein Hämmerchen in die Hand drücken und ihn am offenen Feuer hantieren lassen. Wir sagten dem Verkäufer, dass wir es uns noch mal überlegen würden, und zogen von dannen.
Überall liefen verkleidete Frauen in weißen Kleidern mit langen Schleppen durch die Gänge und verteilten Kärtchen von Stand 24. Es ging zu wie auf einem kaiserlichen Ball im ersten Teil von Sissi, ich muss zugeben, dass ich ganz verrückt war. Für Gertrud war so ein Gebilde mit Reifrock natürlich nichts, genauso

wenig wie für die allermeisten Frauen, die sich hier auf der Hochzeitsmesse umschauten. Man konnte regelrecht ein bisschen träumen, und auch, wenn wir das Thema Kleid ja schon erledigt hatten, war es schön anzuschauen.
Es waren deutlich mehr Frauen hier als Männer, das muss man auch ganz klar sagen. Und die Männer, die hier rumliefen, waren nicht freiwillig da. Gut, es gab auch ein paar junge Herren, die Händchen hielten und sich sehr interessiert zur Tischdekoration beratschlagten. Die hatten ganz große Freude und hatten bestimmt auch gleich ein Dauerbillett für zwei Tage genommen, aber die meisten Männer trabten gequält lächelnd hinter ihrer verzückt strahlenden Frau her.
Überall blinkten Lichter, fast wie bei Frau Berber auf dem Balkon, wenn sie gleich nach Totensonntag alles beflimmert und das Weihnachtsdekoration nennt. Es gab durchsichtige Regenschirme, die man mit Lichterketten beklebt und in Obstbäume gehängt hatte. Die hatten Apfelbäume in Kübeln in die Halle gekarrt, überlegen Se sich das mal! Es gab nichts, was es nicht gab. Wohin man kam, dudelten Musiker vor sich hin, ich hatte schon Kopfschmerzen. Kennen Se das, wenn man über den Rummelplatz läuft, und alle drei Schritte wechselt die Musik? Eben waren Se „noch niemals in

New York“, und kaum drehen Se sich um, schon dröhnt es von einem „Stern, der deinen Namen trägt“, und ehe man sich versieht, ist man „atemlos“.
So ähnlich war es hier, nur mit Saxofonspielern. Die töteten sich fast die Lunge aus dem Hals und hofften, engagiert zu werden. Wie diese Stehgeiger, die nicht weggehen, wenn man ihnen kein Trinkgeld gibt, und erst recht nicht, wenn man ihnen eins gibt. Na, und da war es um Gertrud geschehen! Gertrud wird nämlich schwach bei Saxofonspielern. Da fängt sie sofort an zu erröten und entflammt. Genau genommen bei Saxofonspielern und wenn ein Mann italienisch spricht. Wenn wir Nudeln essen gehen, behauptet sie immer, sie hätte die Brille vergessen, und lässt sich die Speisekarte vorlesen. Das macht sie ganz glücklich. Was war ich froh, dass wir damals auf Kreuzfahrt nur für einen Tag in Venedig anlegten!
„Gunter! Den will ich, der muss in der Kirche spielen!“, rief sie frei raus.
„Wir heiraten doch gar nicht in der Kirche?“, warf Gunter verdattert ein. So, wie der das sagte, hatte er Angst, dass er was vergessen und durcheinandergebracht hatte. Ich kannte das im Gegensetz zu ihm schon, es müssen nur drei Töne vorne aus dem Blech dröhnen, und Gertrud vergisst, wie sie heißt und wo

sie wohnt. Sie wippte im Takt mit, summte ein bisschen und schwenkte die Hüfte. Gertrud tanzt dann immer sehr unangemessen für eine Dame ihres Alters, fast wie die Frau Madonna, nur, dass sie nochmal zwanzig Jahre älter ist. Eine Gruppe junger Frauen, von denen wohl eine die angehende Braut war und die anderen begleitende Trauzeuginnen, fingen kichernd an, Gertrud mit dem Händi zu filmen. Gertrud tanzte sich an Gunter ran, und dann überschlugen sich die Ereignisse.

Der Saxofonspieler hatte das mitbekommen und kam ein paar Schritte auf uns zu. Ich versuchte, den jungen Mädchen das Bild zu versperren, und gab ihnen zu verstehen, dass sie das nicht filmen sollten. Man hat ja schließlich auch eine Verantwortung, wenn der besten Freundin die letzten verbliebenen Hormone durchgehen!

Die filmende Brautjungfer sah das ein und steckte das Händi weg, dafür fing sie an, im Takt zu klatschen. Die stachelten Gertrud noch an, statt sie zu bremsen! Als ob der Saxofonspieler Gertrud gekannt hätte, begann er, „Doktor Schiwago" zu spielen. Das ist Gertruds Lieblingslied. Bei dem Film weint sie noch mehr als bei Sissi. Gunter verhielt sich zurückhaltend und unauffällig. Man konnte es nicht tanzen nennen, was er tat, und das war nun wirklich auch nicht zu erwarten von einem Mann Mitte achtzig. Er stand da wie ein Baumstumpf und sperrte sich nicht dagegen, dass Gertrud an ihm rumzupfte und schob. Deshalb sah das fast so aus, als würde er auch tanzen. Trotzdem müssten wir wegen des Eröffnungstanzes noch mal reden, und bestimmt wäre es auch nötig, ein paar Stunden in der Tanzschule zu nehmen. Ich machte mir gleich eine Notiz in meinem Kalender. Aber erst mal ging es hier darum, Gertrud abzukühlen und bei klarem Verstand eine Entscheidung wegen des Blechbläsers zu treffen. Der hatte derweil den „Doktor Schiwago“ fertig gepustet.

Um uns herum klatschten ein paar Leute, und Gertrud verneigte sich huldvoll. Der Mann wurde selbstredend zur Hochzeit bestellt, das war ja gar keine Frage. Wenn es doch nun Gertruds Wunsch war? Wie oft würde sie denn wohl noch heiraten, frage ich Sie? Na, da wird man doch nicht auf die Mark gucken, wenn sie sich einen Saxofonspieler wünscht! Gunter war auch einverstanden, seine einzige Sorge war, dass der zum Essen bleibt.

Gitta Edelmann

Rückkehr nach Verona

„Du kannst deine Tante beim Essen nicht auf dem Ehrenplatz neben dir sitzen lassen, Violeta!“
„Warum nicht? Sie ist wie eine Mutter für mich. Sie hat mich als Kind in Mailand aufgenommen, als meine eigene Mutter starb und mein Vater in Schwermut verfiel. Ich verdanke ihr so viel!“
„Ich weiß, aber …“
„Aber was?“
„Mein Vater wird an meiner Seite sitzen und … nun ja, nach dem Skandal damals …“
„Liebster, ehrlich, das ist ewig her! Von so alten Geschichten werden wir uns doch nicht unser Hochzeitsfest ruinieren lassen!“ Julia drückte sich in die Ecke hinter den Vorhang, um nicht entdeckt zu werden. Sie hätte nicht kommen sollen!
Dreißig Jahre lang hatte sie Verona wie die Pest gemieden, und hätte Violeta nicht unter Tränen darum gebeten, ihr bei ihrer Hochzeit mütterlich zur Seite zu stehen, wäre sie nie zurückgekehrt. Sie hatte ein gutes Leben in Mailand, war eine wohlhabende und unabhängige Witwe, angesehen in der Stadt. Zwar hatte sie

Rodolfo nie ein Kind schenken können, doch sie waren einander herzlich zugetan gewesen, und dann war ja Violeta zu ihnen gekommen.

Ja, manchmal war sie einsam, seit ihr Ziehkind zu ihrem Bruder nach Verona zurückgekehrt war und Rodolfo nicht mehr lebte, aber sie widmete sich der Armenfürsorge und fühlte sich nicht allzu nutzlos.

Violeta und Mercutio waren weitergegangen, es war Zeit, aus ihrem Versteck zu kommen und in den Speisesaal zu gehen. Julia strich den Rock ihres goldbraunen Satinkleids glatt, dessen breiter Spitzenkragen den Ausschnitt schmeichelnd bedeckte. Sie atmete tief durch und mischte sich in den Strom der Hochzeitsgäste. Mit etwas Glück konnte sie schon an ihrem Platz sitzen, wenn der Vater des Bräutigams erschien.

Doch dieses Glück blieb ihr versagt. Sie war die Letzte, die auf die vier Ehrenplätze an dem üppig gedeckten Tisch zusteuerte.

„Ähm, ich glaube, ihr kennt euch bereits?“, stammelte der Bräutigam und wedelte mit einer Hand zu seinem Vater und zu Julia.

Julia nickte schnell und nahm Platz. Ihr Herz schlug bis zum Hals. Wie konnte es sein, dass ein einziger kurzer Blick alles wieder zurückrief, die Sehnsucht und den Schmerz …?

Er hatte sich verändert, war älter geworden, natürlich, und seinem Vater ähnlicher. Und doch war er derselbe, und sie hätte ihn sofort erkannt, wenn er ihr zufällig begegnet wäre. Zum Glück war das nie passiert, sie hätte nicht gewusst, was sie getan hätte.

Sie nahm von den köstlichen Speisen, die sich auf dem Tisch türmten, ohne etwas zu schmecken.

Nach den Reden und dem zweiten oder dritten Becher Wein wurde es einfacher. Die heitere Stimmung der Gäste übertrug sich nun auch auf Julia, und sie konnte wieder leichter atmen.

„Entschuldige, ich muss mich einen Augenblick zurückziehen", sagte sie schließlich zu Violeta.

„Sieh aber zu, dass du zum Tanz zurück bist. Die Musikanten stimmen schon an."

Julia nickte und verließ das Haus. Am Portal zur Straße blieb sie stehen.

Das sanfte Licht des Sonnenuntergangs erhellte nur noch den obersten Teil der Fassaden. Die Glocken von Sant'Anastasia schlugen die halbe Stunde. Sollte sie schnell hinüberlaufen zur Piazza dei Signori, den Palazzo del Governo noch einmal ansehen, dessen Zinnenkranz das Aussehen der Burgen in ihren romantischen Mädchenträumen bestimmt hatte?

Sie atmete tief ein. Verona roch anders als Mailand mit

seinen alten Kanälen und den nahe gelegenen Alpen. Der Duft dieser Stadt war heißer, staubiger und doch – süßer.

„Julia?“

Seine Stimme war dieselbe. Und ja, es war Zeit, sich ihrer Vergangenheit zu stellen. Sie drehte sich um.

„Romeo.“

„Es ist schön, dich wiederzusehen.“

Julia nickte stumm, doch ihr Herz hämmerte in ihrer Brust.

„Magst du ein paar Schritte mit mir gehen? Zum Fluss vielleicht, da ist es weniger stickig.“

Wieder nickte Julia, und sie schlugen den Weg zur Etsch ein.

„Du siehst gut aus“, sagte er.

„Alt.“

Er schüttelte den Kopf. Sie gingen schweigend durch die langsam dunkel werdenden Gassen, vorbei an der Kirche Sant'Anastasia.

„Man hat ihre Fassade immer noch nicht beendet“, bemerkte Julia und blieb stehen.

„Ich bezweifle, dass das je geschieht.“

Julia sah hinauf zum runden Fenster oberhalb des gotischen Portals.

„Sie haben mir nicht gesagt, dass du noch lebst“, sagte

Romeo plötzlich. „Ich war so lange krank, nachdem ich Bruder Lorenzos Trank zu mir genommen hatte. Der Teufel weiß, was er da hineingemischt hat!“

„Ich war nach dem Aufwachen auch schwer krank, deshalb haben meine Eltern mich ja in das Kloster nach Mailand bringen lassen. Ich habe mich nur sehr schwer erholt und erst nach Monaten von Bruder Lorenzos Tod und deiner Heirat mit Rosalinde erfahren.“

„Sie haben mir nicht gesagt, dass du noch lebst“, wiederholte Romeo. „Und Rosalinde kam jeden Tag, um mir Gesellschaft zu leisten, als ich langsam gesund wurde.“

„Du warst in sie verliebt gewesen.“

„Das war, bevor ich dich sah.“

Schweigend gingen sie weiter, hinüber zur Etsch, deren Wasser im Licht des aufgehenden Mondes schimmerte.

„Du hast sie geheiratet“, sagte Julia leise. „Obwohl Bruder Lorenzo uns beide getraut hatte.“

„Warum bist du nie zurückgekommen nach Verona? Warum hast du nicht wenigstens einen Brief geschickt?“

Julia schüttelte den Kopf. „Hätte ich den Montegue-Erben einer ungültigen Ehe beschuldigen sollen? Ohne einen Beweis? Ohne Bruder Lorenzo als Zeugen? Hätte das nicht noch mehr Unglück über unsere Familien gebracht? Und – über dich?“

„Julia …" Romeo griff nach ihrer Hand und ein heißer Schlag durchfuhr ihren Körper. Sie entzog ihm ihre Finger und sah hinüber auf die andere Seite des Flusses, wo einzelne Lichter leuchteten.

„Eigentlich wollte ich ins Kloster eintreten, aber dann lernte ich Rodolfo kennen. Er war der Bruder der Mutter Oberin und kam gelegentlich zum Kloster. Er verliebte sich in mich. Meine Eltern waren natürlich glücklich, als sie hörten, dass er um mich warb. Er war ein guter Mann."

„Ich erinnere mich an den Tag, an dem dein Cousin als Erbe deiner Eltern nach Verona kam, zusammen mit seinem Sohn und seiner jungen Tochter. Mercutio hat sich auf den ersten Blick in Violeta verliebt."

„Du hast deinen Sohn nach deinem Freund benannt." Im Augenwinkel sah sie, dass er nickte.

„Erst als Violeta begann, von ihrer geliebten Tante Julia zu sprechen, verstand ich auf einmal, dass du damals nicht gestorben warst."

Julia schluckte. Warum nur war Bruder Lorenzos Plan so

fürchterlich schiefgegangen? Statt nach einigen Stunden wieder frisch und munter aufzuwachen, hatte sie seinen Trank nur um Haaresbreite überlebt. Und Romeo, der wohl den Rest aus ihrem Flakon getrunken hatte, war es ebenso ergangen. Die lange Krankheit hatte es ihren Eltern ermöglicht, sie letztlich doch zu trennen.

Und nun? Zusammen standen sie hier am Ufer, während sein Sohn und ihre Ziehtochter Hochzeit feierten und sich mit gutem Essen und Trinken, Musik und Tanz amüsierten.

„Ich habe dich nie vergessen“, sagte Romeo.

„Ich dich auch nicht. Aber das Leben ging weiter. Ich hatte letztlich doch nie den Mut, ihm ein Ende zu machen. Nun bin ich eine alte Witwe und …“

„Rede nicht so. Du bist genauso schön wie damals.“

Julia lachte. „Bei Nacht sind alle Katzen grau, so ist dir vielleicht die Farbe meines Haars nicht aufgefallen und nicht die Falten in meinem Gesicht.“

„Was soll's – ich sehe dich darin unverändert, dein Lächeln damals auf dem Ball, als ich meine künstlichen Verse schmiedete.“

Julia musste unwillkürlich lachen. „Ja, du warst damals durchaus poetischer als heute.“ Sie wandte sich ihm zu.

„Sollten wir nicht zurückgehen? Man wird uns vermissen."
„Vielleicht. Wie lange bleibst du in Verona?"
„Ich reise morgen zurück nach Mailand."
„So bald?"
„Warum? Willst du mich noch einmal treffen?"
„Ich will …"
Er trat zwei Schritte näher an sie heran, sodass sich ihre Körper fast berührten. Julias Atem ging auf einmal schneller, und schon senkten sich seine Lippen auf ihre und entfachten ein Feuer in ihrem ganzen Körper. Sie schlang ihre Arme um ihn und erwiderte den Kuss, „Julia", hauchte er und zog sie noch enger an sich. Dann ließ er sie plötzlich los.
„Verzeih mir. Das hätte ich nicht tun dürfen."
„Lass uns gehen", sagte sie entschlossen und griff nach seiner Hand, um ihn mit sich zu ziehen.
Er ließ es geschehen und folgte ihr.
„Wohin …", fragte er, als sie nicht zu seinem Haus abbog, sondern der Gasse weiter geradeaus folgte.
„Im Haus meines Cousins ist niemand. Da sind wir ungestört."
„Julia – willst du damit sagen …"
„Komm."
Sie führte ihn die Treppen hinauf und öffnete die Zim-

mertür. Er trat hinter ihr ein, und sie schloss die Tür und legte den Riegel vor.
„Bist du sicher?“, fragte er erneut.
„So sicher, wie ich damals mit dir fliehen und als deine Frau mein Leben mit dir verbringen wollte.“
Sein Kuss war leidenschaftlich und fordernd, anders als damals in der einzigen kurzen Nacht, die das Schicksal ihnen geschenkt hatte. Wie jung und unschuldig sie gewesen waren! Doch nun wussten sie von der Liebe, von Sehnsucht, Trauer, Verzicht und Leid.
Da begann ein Vogel zu singen. Sie hielten inne.
Julia sah Romeo in die Augen und lächelte.
„Dieses Mal ist es zweifellos die Nachtigall.“

Quellen

Renate Bergmann, Man muss sich nur trauen (Auszug),
© Ullstein Buchverlage GmbH, Berlin 2022.

Kristine Bilkau, Eine Liebe in Gedanken (Auszug),
© 2018 Luchterhand Literaturverlag, München, in der Penguin Random House Verlagsgruppe GmbH.

Alina Bronsky, Baba Dunjas letzte Liebe (Auszug),
© 2015, Verlag Kiepenheuer & Witsch GmbH & Co. KG, Köln.

Gitta Edelmann, Rückkehr nach Verona,
© bei der Autorin.

Frank Goosen, Hochzeit mit Ginger Rogers,
aus: Mein Ich und sein Leben
© 2015, Verlag Kiepenheuer & Witsch GmbH & Co. KG, Köln.

Wladimir Kaminer, Die russische Braut, aus: Russendisko
© 2000 Manhatten Verlag, München, in der Penguin Random House Verlagsgruppe GmbH.

Erich Kästner, Die Verlobungsjagd,
aus: Erich Kästner, Der Herr aus Glas
© 2015, Atrium Verlag AG.

Regine Kölpin, Die verschwundene Hochzeitstorte,
© bei der Autorin.

Wir danken den Autor:innen und Verlagen für die freundlichen Abdruckgenehmigungen.